LA TEOLOSIS©

Y

LA

NAVIDAD

El acontecimiento más trascendental de
todos los tiempos,
y su impacto en nuestra formación y
crecimiento en Dios.

Elvin Heredia, PhD.

CONTENIDO

Introducción   **7**

Dedicatoria   **11**

Una adoración real   **15**
- Características de la adoración digna de un Rey.

La comodidad de Jesús   **29**
- Un pensamiento navideño a la luz del pasaje de Juan 3:16.

La segunda Navidad   **37**
- Propósito y preparación de la Iglesia ante este evento.

El ministerio del desierto   **47**
- La Navidad, Juan El Bautista y la Iglesia.

La noticia del pesebre   **57**
- La Navidad como evento transformador del hombre.

El verdadero mensaje de la Navidad   **65**
- El regalo que cubre todas nuestras necesidades.

Intercambio de regalos   **77**
- ¿Quieres participar tú también?

Presentes presentes   **89**
- El significado de los regalos de los Magos al Niño Dios.

Los regalos de Artabán   **101**
- Los regalos de un cuarto mago de oriente, y sus implicaciones en la vida cristiana.

Al estilo de Santa Claus   **117**
- Lo que Santa Claus hace que deberíamos estar haciendo los cristianos.

El pesebre y la cruz   **135**
- El principio y el fin de un camino que fue trazado para nosotros.

El contraste y el reto del pesebre   **151**
- Las circunstancias de nuestro nacimiento y el plan de Dios.

Cantata de Navidad   **165**
- Los 5 regalos del Benedictus de Zacarías.

El círculo cerrado   **177**
- La verdadera estampa del nacimiento de Jesús.

Luz y Canción   **185**
- La Navidad en medio de la oscuridad y el silencio.

Lucas 2, 1940   **193**
- Somos las voces de esperanza y la luz del mundo.

Yo soy Ángel   **199**
- Los ángeles de la Navidad están en Nebraska, y dondequiera que tú estés.

El tigre y el cordero   **207**
- Cuando nosotros somos el milagro de Navidad.

Breve biografía del autor   **215**

Información y Pedidos: Amazon.com y elvinheredia@hotmail.com

Otros libros de la colección de TEOLOSIS®

© ® 2006
Teolosis: Formación y Crecimiento en Dios
ISBN 978-0-9842817-0-1
© ® 2013
La Teolosis y los Refranes Populares
ISBN 978-0-9842817-1-8
© ® 2014
La Teolosis, la Psicología Cristiana y el Dr. Jesucristo
ISBN 978-0-9842817-2-5
© ® 2014
La Teolosis y la Misión de la Iglesia
ISBN 978-0-9842817-3-2
© ® 2014
La Teolosis, el Matrimonio y la Familia
ISBN 978-0-9842817-4-9

INTRODUCCIÓN

Cuando llega la Navidad, casi de manera general, pensamos en fiestas, luces, música, celebraciones, encuentros y reencuentros. Es un tiempo propicio para la familia, las amistades, la camaradería y el compañerismo. Para otros, la Navidad implica regalos, compras y arreglos al hogar, por lo que se preparan, con o sin conciencia, para el uso de las tarjetas de crédito, gastar más de lo que reciben de bono de Navidad y para los desajustes en el presupuesto que los harán lamentarse en Enero.

Por otra parte, la Navidad para algunos es un tiempo lleno de melancolía y tristeza. Muchos han perdidos seres queridos durante el año, otros hacen un recuento de las pérdidas acaecidas en esos pasados 12 meses, y otros reflexionan ante la realidad de encontrarse solos en un tiempo en el que, por lo general, se comparte alegremente en compañía de los suyos.

Esto significa que, de una u otra forma, la Navidad es tiempo de reflexión. Es tiempo de inventario. De estadísticas físicas, emocionales, relacionales y espirituales. Es el encasillado al final de la página de nuestro estado de cuentas que indica el balance de ganancias y pérdidas del año.

Un balance que puede hacer que riamos o lloremos, que celebremos o nos lamentemos, y que en medio de la comedia o el drama en el que estemos, también decidamos vivir o morir. De hecho, los estudios de conducta a nivel de las autoridades gubernamentales y sociales destacan el tiempo de Navidad como el tiempo de mayor incidencia en suicidios en todas las escalas socioeconómicas, de género y de edad.

Esta realidad debería hacernos pensar acerca de la manera en la que integralmente reflexionamos cuando la Navidad llega. En ese sentido, es necesario que podamos aportar más y mejores elementos de reflexión al pensamiento cultural, religioso, social y moral que le permita a la conciencia personal y colectiva elaborar una definición práctica de lo que realmente significa la Navidad.

La Navidad es tiempo de buenas noticias. Por cierto, de la mejor noticia de todos los tiempos. Dios, encarnado en el Niño Jesús, ha venido a nosotros. Una noticia que ha prometido a través de los años traer esperanza, consuelo, alegría y paz. Precisamente esos elementos que aportarán al pensamiento general lo que necesitamos para que este acontecimiento cambie nuestras vidas para siempre. Para que la decisión sea a favor de la vida. Para que el balance a fin de año sea positivo. Para que nadie esté solo jamás.

¿Cómo nuestra teolosis, nuestra formación y crecimiento en Dios se nutrirá de esta noticia? En este libro pretendemos identificar algunos de esos elementos reflexivos que impactarán y cambiarán nuestras mentes, y bendecirán nuestras vidas. Permita el Señor que, a medida que avancemos en la lectura de este libro, nuestra Navidad y nuestra vida cristiana comiencen a ser distintas. Diferentes. Un inventario positivo. Una experiencia llena de luz, alegría, fiesta y celebración.

Como siempre, pretendemos dar una explicación a unas interrogantes particulares que inevitablemente surgen ante situaciones específicas de la vida. Queremos renovar el pensamiento, descubrir verdades, penetrar misterios, encontrar respuestas. Todo esto, a medida avanzamos en nuestra experiencia de fe.

En nuestro caminar con Dios.

En nuestra vivencia como cristianos.

En nuestra *teolosis.*

DEDICATORIA

Al Padre, al Hijo y al Espíritu Santo. Recibe toda honra, toda gloria y todo el crédito. Esta ha sido tu inspiración. ¡Este libro es tuyo!

A mi amada esposa Carmencita. Gracias por llenar toda mi vida con toda tu vida. ¡Te Amo!

A mi amada Iglesia del Nazareno de Gurabo. Gracias por sus oraciones, el aliento y el ánimo que me dan para seguir adelante, por su amor no fingido, por su trabajo arduo y por su valor. ¡Ustedes son un hermoso pueblo de Dios!

A mis lectores por su respaldo a este sencillo, pero muy comprometido esfuerzo de bendecir sus vidas, así como ustedes han bendecido la mía. ¡Feliz teolosis, y Feliz Navidad!!

12

LA TEOLOSIS
Y
LA NAVIDAD

UNA ADORACIÓN REAL

Lectura: Mateo 2:1-12

La Navidad es para el pueblo cristiano el evento histórico más trascendental de todos los tiempos. Y decimos que es el evento más trascendental de todos los tiempos por muchas razones. La razón principal es que la Navidad es el cumplimiento de la promesa del Mesías. Un Mesías que vino en forma de niño, tal y cual fuera profetizado por Isaías y Miqueas. Pero, ¿cómo creer a este anuncio? ¿Cómo creer que ese niño que nació esa noche era el Cristo, el Hijo de Dios?

Nosotros no lo creemos simplemente como parte de un acto de fe, o lo aceptamos ciegamente porque la Escritura lo dice. Resulta que la misma historia sustenta la verdad que declara la Biblia. La misma historia de la humanidad afirma y confirma con hechos reales lo que la Palabra de Dios establece en este asunto.

1. El nacimiento de Jesús fue anunciado a los pastores, quienes testificaron de este hecho una vez confirmaron la señal, encontrando al niño envuelto en pañales y acostado en un pesebre. Esto es un asunto registrado y confirmado por los historiadores.

2. La historia registra los hechos milagrosos de ese niño, una vez se convirtió en hombre. Esto, igualmente, está registrado y confirmado en la historia.
3. La historia registra la violenta muerte de Jesús en una cruz.
4. A través de los tiempos se ha comprobado la resurrección de Jesús como un hecho documentado por testigos de la época, y más aún, cuando no se han encontrado sus restos, lo que confirma la naturaleza divina de ese hombre que en una noche de Navidad nació en Belén.
5. Es a partir de este acontecimiento que la historia de la humanidad se divide en 2 épocas: El tiempo antes de Cristo y el tiempo después de Cristo

Todos estos son hechos irrefutables de que el nacimiento de Jesús contó con todas las características propias de una promesa cumplida y que es una realidad registrada en los anales históricos. Ahora bien, si tomamos el pasaje de Mateo 2:1-12, notaremos que el evento del nacimiento representó para los magos de oriente algo más que una promesa cumplida. El evento de la Navidad representó para estos magos una búsqueda. Una búsqueda caracterizada por 3 aspectos especiales.

1. Búsqueda espiritual

Mateo 2:2 nos dice que los magos de oriente vinieron buscando un rey. Un rey cuyo reino que no era de este mundo. Un rey que no era un rey material, pues no vino al mundo con riquezas, ni nació en palacio y mucho menos disfrutó de atenciones ni comodidades a su llegada. Un rey, que por no ser un rey material, era entonces un rey espiritual.

2. Búsqueda racional

La búsqueda de estos magos tiene una motivación real. Estos hombres eran estudiosos de las profecías y de los signos, por lo que pudieron reconocer la presencia de la estrella e interpretarla como una señal del cumplimiento de la profecía del nacimiento del Rey de Israel. Estos hombres lo afirman de manera categórica, declarándole al Rey Herodes que *"su estrella hemos visto en el oriente"*. (Mateo 2:2).

Luego, cuando se les pregunta dónde habría de nacer el Cristo, ellos contestan resueltamente que el Cristo nacería en Belén de Judea. Esto confirma, no sólo que para ellos esta búsqueda era una racional y con sentido, sino que estaban realizando una búsqueda dirigida y específica.

Los magos de oriente fueron guiados en la dirección correcta por la Estrella de Belén para llegar hasta el rey que había nacido.

3. Búsqueda con propósito

El propósito de esta búsqueda por estos magos era claro y específico. Los magos de oriente buscaban un rey, y lo buscaban porque encontraron una respuesta lógica a lo que habían estudiado en las profecías. Pero, más que por alguna otra razón, porque venían a adorarle. El estudio de las profecías les indicó que ese Niño Rey que nacería en Belén era el Mesías prometido. Era de quien Isaías había profetizado que sería Hijo del Altísimo. Por tanto, si ese niño era el Hijo de Dios, lo más racional y propio sería llegar hasta donde estuviera ese niño y adorarlo como lo que era: El Dios Hijo.

En cuanto a nosotros hoy, este pasaje de Mateo 2:1-12 contiene una gran cantidad de enseñanzas prácticas para nuestra formación y crecimiento en nuestra experiencia de vida cristiana.

- Nosotros buscamos adorar a Dios, que en la figura del Niño Jesús, deja de ser una promesa y se convierte en una realidad confirmada históricamente.

18

- Nosotros buscamos adorar a Dios, que en la figura del Niño Jesús nos conduce en la dirección correcta, afirmando y confirmando nuestra fe.

- Nosotros buscamos adorar a Dios, en la figura del Niño Jesús, porque eso es precisamente lo que debemos hacer cuando buscamos a Dios y lo encontramos.

Ahora bien, esta adoración, como hemos mencionado, requiere que sea una de carácter espiritual. Debe ser una adoración espiritual puesto que nuestro Dios es un Dios espiritual. Si Dios es Espíritu, nuestra adoración debe tener esa naturaleza igualmente espiritual.

Pero, en adición, esta adoración debe presentar, según este pasaje bíblico, unas características esenciales. Entonces, para poder identificar estas características esenciales de nuestra adoración a Dios, es necesario hacerlo estableciendo de primera instancia que nuestra adoración a Dios comienza, continúa y concluye como parte de una actitud correcta.

Veamos cómo una actitud correcta define el comienzo, la continuación y la conclusión de lo que debe ser nuestra adoración a Dios.

1. Nuestra adoración comienza con nuestra preparación para venir a adorarle.

Para mí no hay duda de que, cuando los magos decidieron venir a adorar al Niño, ya habían predispuesto su actitud en esa dirección. Noten ustedes que estos magos no vinieron con las manos vacías. Cada uno había dispuesto traer un presente al Rey. Más aún, la adoración de estos magos comenzó con la mejor disposición y con un propósito calculado: Ellos venían a adorar.

He ahí nuestra primera enseñanza del pasaje. Nosotros no comenzamos nuestra adoración cuando estamos en la casa de Dios. Nuestra adoración comienza desde antes de llegar a la casa de Dios.

Los magos comenzaron su adoración desde que vieron la estrella en el oriente. Yo diría, incluso, que su adoración comenzó desde que comenzaron a estudiar las profecías. La intención de adorar no comenzó cuando los magos vieron al niño. Comenzó desde que decidieron venir a ver al niño.

Esa debe ser nuestra actitud. Debemos estar en actitud de adoración desde que nos disponemos a prepararnos para venir a adorar.

Desde la ropa que escogemos, la hora en que desayunamos o cenamos, el momento que revisamos todo en nuestro hogar. Todo este preparativo por adelantado es una muestra de que ya estamos en actitud de adoración. Procuramos no distraernos ni detenernos con la televisión, las tareas del hogar, el lavado del auto, o cualquier otra cosa que ocupe nuestra mente y nuestro tiempo para la adoración. Ese tiempo lo separamos nosotros, y esa actitud debe surgir como parte de nuestro compromiso de adoración.

El salmista expresaba esta misma actitud de adoración en el Salmo 122:1 cuando declara:

"Yo me alegré con los que me decían: A la casa de Jehová iremos". (RVR60).

Esta expresión también nos presenta otra interesante verdad bíblica. Para el salmista, la actitud de adoración es una cuestión contagiosa. Noten ustedes que los que iban a la casa de Jehová aún no habían llegado. Iban de camino. No obstante, esa actitud con la que estos adoradores iban a la casa de Jehová fue lo que provocó una reacción de alegría en el Rey David. La actitud de adoración de estos adoradores, aún sin haber llegado al templo, contagió al salmista.

Por tanto, la actitud previa a nuestra adoración a Dios es una demostración de cuánto apreciamos y cuán dispuestos estamos para con el Dios a quien adoramos. Pero, además, representa un elemento contagioso para quienes nos ven y nos rodean. Es, entonces, que podemos afirmar que la experiencia que esperamos vivir de parte de Dios, tanto nosotros como los nuestros, no comienza cuando llegamos ante Su presencia, sino desde que nos disponemos a estar en Su presencia.

2. Nuestra adoración continúa cuando nos inclinamos y humillamos ante el Dios Rey.

Resulta interesante considerar lo que los magos de oriente hicieron tan pronto estuvieron en presencia del Niño Dios. Menciono este detalle porque, evidentemente, los magos no encontraron al niño en un palacio.

No lo encontraron vestido con ropas reales, ni mucho menos ostentando riquezas o lujos. Estos magos encontraron al niño en Belén, una ciudad pequeña en la región de Judea, a las afueras de Jerusalén, la ciudad capital. Nada de lo que vieron era indicativo, ante los ojos de cualquier hombre de estirpe real, como lo eran estos magos, de que lo que encontraron era digno del rey que buscaban.

Lo interesante, entonces, de este encuentro fue la actitud con la que estos magos interpretaron lo que tenían enfrente. La actitud de estos hombres fue entonces, y es ahora, indicativo de que ellos adoraron a Dios, no por lo que vieron de ese Dios, sino por lo que sabían de ese Dios.

Ellos habían dedicado parte de sus vidas a estudiar las profecías, y habían comprendido que debían venir a adorar a ese Niño Rey, no porque fuera rey, sino porque era Dios. Esto, a pesar de lo que vieron sus ojos. Ellos no encontraron un Rey haciendo gala de un portentoso ejército, o un físico impresionante. Ellos encontraron a un frágil y pequeño niño.

Nuestra adoración, entonces, no debe estar condicionada a lo que tal vez deberíamos ver de Dios según nuestro criterio.

- Nuestra adoración a Dios debe ser producto de nuestro reconocimiento de quién es realmente Dios y quiénes somos nosotros ante Dios.
- Nuestra adoración es una demostración de nuestra aceptación a la voluntad y soberanía de Dios, quien es por sobre todas las cosas y por sobre todos nosotros.

- Nuestra adoración es producto de que reconocemos lo pequeño que somos nosotros y lo grande que es Dios.

Es por esta razón que los magos se postraron al ver al niño. Y nosotros, ¿qué haremos? ¿Cuál será nuestra actitud cuando entremos por las puertas de Su casa? ¿Hemos venido con una actitud anticipada de reconocimiento y humillación? Ahora que estamos ante Su presencia, ¿nos postraremos como lo hicieron los magos?

A estos hombres no les importaron sus títulos, sus procedencias reales ni sus posibles riquezas o prestigio. Con todo, ellos vinieron en actitud de adoración, y cuando finalmente llegaron a su presencia, hicieron lo propio.

Estos hombres estaban decididos y convencidos de que adorarían al Rey que había nacido, no porque fuera rey, sino porque era Dios. No adoraron por la gracia que pudieran recibir de un rey, sino en señal de humillación y reconocimiento por estar en presencia de Dios. No por lo que pudieran recibir, sino por lo que pudieron comprobar.

Es necesario que nuestra actitud de adoración continúe de la misma forma que continuó siendo demostrada por los magos.

3. Nuestra adoración culmina cuando entregamos nuestros tesoros.

Es en este punto del relato de Mateo donde encontramos una reafirmación de esa adoración incondicional de estos hombres. Noten ustedes la naturaleza de los regalos ofrecidos. No se trataba de simples regalos para cumplir con la ocasión. Se trataba de regalos que eran dignos de un Rey. Por tanto, estos regalos eran representativos de lo mejor que estos hombres podían ofrecer.

Hemos afirmado que nuestra adoración a Dios es producto de una actitud premeditada y con intención. Cuando preparamos regalos, por lo general lo hacemos con esa misma intención y actitud:

- Procuramos envolverlos, o, al menos, presentarlos en buenas condiciones.
- Si es preciso, los guardamos lejos del alcance de los niños, o evitamos dejarlos expuestos a accidentes.
- Si son efectos electrónicos o electrodomésticos, procuramos probar que estén funcionando adecuadamente.
- Revisamos términos de garantías y guardamos los recibos, en caso de reclamaciones.

Entonces, luego de todo este cuidadoso y esmerado proceso, cuando finalmente estamos en presencia de aquel a quien ofreceremos nuestro regalo, procuramos tener el regalo igualmente presente y a la mano. No compramos un regalo para luego entregarlo fuera de tiempo. El momento de entregarlo es ese preciso momento en que llegamos ante la persona. Nuestra dedicación y nuestro esfuerzo finalmente culminan con la satisfacción de entregar el regalo. Usted ha procurado hacer lo mejor y entregar lo mejor.

En esta ocasión, nosotros también hemos venido intencionalmente a entregar un regalo al Rey que ha nacido. Un regalo en forma de adoración. ¿Qué es lo mejor que usted puede ofrecer al Niño Dios?

Para contestar esta pregunta, sería necesario considerar una realidad innegable desde la misma perspectiva de Dios: Cuando Dios se entregó a nosotros en Jesucristo, se entregó a nosotros por completo. Siendo que esta es una realidad irrefutable, creo que sería mejor reformular esta pregunta. Creo que la pregunta debería ser, ¿estamos dispuestos a hacer lo mismo?

Entregar nuestros tesoros no debe ser un acto de desprendimiento, debe ser un acto de entrega.

Nosotros entregamos los tesoros de nuestro corazón a quienes hemos entregado nuestro corazón. Por tanto, nosotros no entregamos meramente los tesoros de nuestro corazón. Nosotros entregamos nuestro corazón con todo y tesoros.

Nosotros no impresionamos a Dios con lo que podamos entregarle. Recuerde que Dios es dueño del oro y de la plata. Nosotros no demostramos una mayor y mejor adoración a Dios dejando que Dios sea el dueño de nuestras cosas. Nosotros demostramos una mayor y mejor adoración a Dios cuando dejamos que Él sea el dueño de nosotros mismos y de nuestras cosas. De todo lo que somos y de todo lo que tenemos.

Para nosotros, los regalos de Navidad nunca deben ser más importantes que aquel o aquellos de quienes los recibimos. Esa misma actitud es la misma que debemos considerar en cuanto a lo que le ofrecemos a Dios. Todo cuanto podamos ofrecerle a Dios jamás será más importante que lo que somos. Para Dios, es importante que te ofrezcas tú mismo. Tú eres lo mejor que Dios puede recibir de ti mismo.

Esa es la representación de una adoración digna de un Rey.

Esta es la adoración que Dios demanda y espera de nosotros.

- Una adoración espiritual, reconociendo la naturaleza del Dios que adoramos y actuando de conformidad a esa espiritualidad.
- Una adoración racional, que se demuestra con una actitud anticipada, pensada y separada con calidad y esmero. No adoramos a Dios de cualquier manera. Nos preparamos para adorarle.
- Una adoración que debe mirar directamente al propósito de exaltar la grandeza de nuestro Dios.
- Una adoración total, en total entrega de los que somos y de lo que tenemos.

¡Así se adora a Dios!!!

LA COMODIDAD DE JESÚS

Lectura: Juan 3:16

Quisiera reflexionar sobre una ilustración muy particular. Esta ilustración hace referencia a uno de los pasajes más conocidos de las Escrituras.

En la ciudad de Chicago, una noche de invierno soplaba un fuerte viento. Un niñito vendía periódicos en un rincón, tratando de protegerse del inclemente frío. Realmente, no vendía mucho. Lo que realmente intentaba era no congelarse de frío. En eso, vio a un policía, se le acercó y le preguntó: "Señor, ¿conoce usted de algún refugio donde un niño pueda dormir esta noche? Normalmente duermo en una caja de cartón que guardo en el callejón, pero esta noche hace demasiado frío y me gustaría estar en un lugar cálido".

El policía miró al chico y le dijo: "Camina por esta calle hasta una casa blanca. Allí toca la puerta, y cuando te abran, solamente dile "Juan 3:16" y te dejarán pasar".

El niño obedeció, llegó a la casa y tocó la puerta. Una gentil señora abrió la puerta. El niño la miró y le dijo: "Juan 3:16".

La señora le contestó: "Pasa, hijo mío". Inmediatamente lo tomó de la mano y lo sentó en una mecedora cerca de una vieja chimenea que estaba encendida. La señora salió de la habitación y el chico pensó por un breve instante: "La verdad es que no entiendo eso de Juan 3:16, pero en verdad puede hacer que un chico se caliente en una noche fría".

Al rato regresó la señora y le preguntó al chico: "¿Quieres comer?" El chico la miró y le dijo: "Un pancito no me vendría mal, pues hace días que no como". La señora tomó al niño de la mano, lo llevó a la cocina y lo sentó a una mesa llena de exquisitos manjares. El chico comió y comió hasta que ya no pudo más, y entonces pensó: "La verdad es que sigo sin entender a Juan 3:16, pero es seguro que llena un estómago hambriento".

Al terminar, la señora volvió a tomar al niño de la mano y lo llevó al baño, donde lo esperaba una tina llena de agua tibia y olorosas burbujas. Mientras el chico se sumergía en la tina pensó: "La verdad es que ahora entiendo menos a Juan 3:16, pero ya sé que puede dejar bien limpio a un chico sucio".

Cuando la señora regresó, llevó al chico a una habitación, lo vistió con una pijama y lo acostó en una inmensa cama con almohadas de plumas y hasta con un osito de peluche.

Lo cubrió con una espesa colcha, lo besó, le deseó dulces sueños, apagó la luz y salió.

El chico, bien abrigado en la cama, veía la nieve caer afuera a través de la ventana y pensó: "La verdad es que Juan 3:16 puede hacer que un chico cansado pueda descansar".

A la mañana siguiente, la señora regresó con ropa limpia y lo llevó nuevamente ante la misma mesa de la noche anterior, esta vez llena de ricos manjares para el desayuno.

Después de comer, la señora sentó nuevamente al niño en la misma mecedora de la noche anterior y tomó en sus manos una vieja Biblia. Se sentó frente al chico, lo miró a los ojos y con una dulce voz le preguntó: "¿Entiendes a Juan 3:16?" "No señora", contestó el niño, "anoche fue la primera vez en mi vida que oí sobre él, cuando el policía me dijo que se lo dijera a usted".

La señora abrió la Biblia en Juan 3:16 y comenzó a explicarle al niño acerca de Jesús. Y allí, frente a esa vieja chimenea, con una inmensa emoción en su pecho y lágrimas en sus ojos, el chico entregó su corazón y su vida a Jesús, al tiempo que pensaba: "Quizás no te entienda bien, Juan 3:16, pero en verdad que puedes hacer que un chico perdido se sienta seguro y amado...".

Esta ilustración me ha hecho comprender una realidad que, para mí, era desconocida hasta entonces. ¡YO TAMPOCO ENTIENDO A JUAN 3:16!

Todavía hoy yo no puedo entender cómo Dios estuvo dispuesto a entregar a Su Hijo por mí. Tampoco entiendo cómo Jesús aceptó un plan como este, ocupando mi lugar y renunciando a toda su comodidad.

Parecerá extraño, pero es de esa "comodidad" de Jesús de la que yo realmente puedo entender algo. En Navidad, donde mucha gente decide hacer reparaciones y hasta ampliaciones a sus casas, precisamente la época donde mucha gente se preocupa por sus comodidades, encontramos en Juan 3:16 la historia de comodidad más hermosa que jamás se haya contado.

¿Por qué decimos que es la historia de comodidad más hermosa jamás contada? Note bien lo siguiente. Muchas personas relacionan este pasaje al sacrificio de Cristo en la cruz. Pero, aunque esta relación es una relación adecuada, realmente el Plan de Dios de dar a Su Hijo Unigénito comenzó en una época como la que celebramos en la Navidad.

Este comienzo es tan importante como su finalidad.

Si Cristo no se hubiera dado al mundo en época de Navidad, no hubiera podido darse luego en la cruz por todos nosotros.

Usted me preguntará, ¿y qué tiene eso de cómodo? ¿Dónde está la comodidad en todo esto? Quizás pienso que deberíamos hacer de esta palabra un análisis silábico.

Para ello, tomemos el texto de Mateo 10:8 que nos dice: *"Sanad enfermos, limpiad leprosos, resucitad muertos, echad fuera demonios; de gracia recibisteis, dad de gracia"*. (RVR60). Considerando este versículo, podemos entender ahora lo que realmente significa esa comodidad de la que hablamos primero en Juan 3:16. Naturalmente, y como ya he mencionado, se trata de una simple cuestión de división por sílabas: La comodidad para Jesús es *como-di-dad*. Es decir, Como di, dad.

Lo hermoso del pasaje de Juan 3:16, la como-di-dad de Jesús y la ilustración que leímos al principio es que nosotros podemos también compartir de la como-di-dad de Jesús. Analicemos nuevamente la ilustración en base a algunas verdades prácticas.

La ilustración nos llama la atención a identificar y cubrir la necesidad de nuestro prójimo.

Noten ustedes que, aunque la necesidad del niño era material, también refleja:

- La necesidad de muchos de sentir el calor de una sincera expresión de amor.
- Refleja el hambre espiritual de una humanidad que está constantemente expuesta a la inclemencia de un mundo cruel.
- Refleja la necesidad de ser limpios de la suciedad, maldad y corrupción de la sociedad de hoy día.
- Refleja la necesidad de descanso de una vida constantemente empujada y atropellada por la prisa, el desenfreno y el stress.
- Pero sobre todo, a la necesidad de hacerles entender la comodidad de Jesús. La más hermosa historia de como-di-dad jamás contada. La historia de Juan 3:16.

La Navidad es momento de dar. Cristo vino al mundo a cubrir nuestras necesidades. Pero para ello, vino a nosotros en Navidad. Por tanto, ¡nuestro momento de dar es ahora!!! Es momento de decir al mundo "Cristo es la Navidad y la Navidad no es comodidad. La Navidad es: Como di, dad".

Por último, hay que destacar la labor maravillosa de esta señora para con este niño.

Algunos de nosotros pudiéramos pensar que no tenemos la capacidad o las facilidades que tuvo esta señora para ayudar a este niño. Ojalá todos pudiéramos hacer lo que esta señora hizo. Sin embargo, yo pienso que Dios realmente no nos pide que hagamos *exactamente* lo mismo. Lo que Dios sí nos pide es que hagamos *algo*. Como dice la Escritura, que hagamos *"según nuestras fuerzas".* (Eclesiastés 9:10). No hay excusa. Nosotros podemos y debemos hacer algo.

Nuestra misión es ayudar al caído y al menesteroso. Pero la tarea de restaurar la vida del pecador no nos corresponde a nosotros. Le corresponde a **Cristo**, que fue quien murió por el pecador. Nosotros llevamos el mensaje. Sólo Cristo salva. Si bien es cierto que nosotros no lo haremos todo, también es cierto que nosotros podemos y debemos hacer lo que nos corresponde.

Por otra parte, pienso que es el pecador quien tiene que hacer como este niño de la ilustración para recibir la bendición de Juan 3:16.

Este "niño" debe obedecer, bajar calle abajo, encontrar la casa blanca, tocar la puerta y clamar "Juan 3:16". Debe hacer lo que dice el texto: Creer.

Sin embargo, el pecador no puede hacerlo solo. Es necesario entonces que hagamos nuestro trabajo. Es necesario que indiquemos al pecador dónde puede encontrar ese refugio que está buscando. Es necesario entonces que usted y yo seamos los policías de la ilustración.

Nuestra tarea no es cambiar al pecador. Eso lo hace Cristo en el refugio. Nuestra tarea es indicar al pecador dónde encontrará un lugar cálido, buen alimento, limpieza para su ser y un lugar donde descansar.

En fin, nuestra tarea es llevarle al pecador la verdadera como-di-dad de Jesús.

LA SEGUNDA NAVIDAD

Lectura: Isaías 9:1-7

La Navidad es una época especial. Es tan especial que todos quieren estar preparados para recibirla. Esto indica que, de alguna forma, las personas asumen una actitud especial y diferente ante la Navidad que ante cualquier otra época del año.

¿Cuál es la actitud general de la humanidad ante la Navidad?

Es preciso ver los arreglos y motivos navideños con los que las tiendas, negocios y centros comerciales adornan sus vitrinas. Se escuchan canciones navideñas y villancicos en los pasillos y en los sistemas de sonido de las tiendas y hasta en las oficinas. Hay que ver cómo las personas se esmeran en decorar, pintar y arreglar sus casas.

Otras personas, por el contrario, se deprimen cuando llega la Navidad. De hecho, una de las temporadas del año con mayor incidencia de suicidios es la temporada navideña.

Por otra parte, ¿cuál es la actitud de la iglesia ante la llegada de la Navidad? Nosotros los cristianos afirmamos que la temporada navideña nunca termina.

Decimos que, para nosotros, la Navidad es todo el año. Además, siempre que una persona recibe a Cristo como su salvador, nosotros los cristianos declaramos que Jesús ha nacido en ese momento en su corazón.

En cuanto a la iglesia como institución, podemos observar que, sin lugar a dudas, la época de Navidad es una de las más coloridas y animadas. Por lo general, se organizan almuerzos, cenas, dramas, cantatas y matutinos, entre otras. Por tanto, la actitud de la Iglesia en este tiempo es una de celebración.

Y no es para menos. La Navidad anuncia la venida del Salvador del mundo. Por tanto, la Navidad nos hace considerar dos asuntos importantes:

1. Cumple con un propósito.
2. Requiere una preparación.

La iglesia celebra ese gran propósito de la Navidad, porque sin Navidad no existiríamos. Sin la Navidad no habría iglesia. Nos faltaría la esencia misma de lo que Cristo vino a darnos.

Por tanto, el propósito de esa primera venida de Cristo se cumple en la iglesia, pues ese Cristo que vino al mundo dejó instituida una iglesia.

Para nosotros, el motivo de celebración de la Navidad debe ser, en adición a la venida del Salvador del mundo, que ese nacimiento dio paso al posterior nacimiento de la iglesia a la que pertenecemos.

¿En qué consiste la preparación de la iglesia ante la primera Navidad?

En primer lugar, la iglesia de Cristo es aquella que ha recibido en su vida el propósito de esa primera Navidad. Por tanto, la preparación de la iglesia ante esa primera Navidad debe ir de acuerdo con el propósito de la misma.

Según el pasaje de Isaías 9:1-7, el nacimiento de Cristo indica:

- El fin de la oscuridad, angustia y aflicción. (v.1).
- Un camino lleno de gloria. (v.1).
- La luz en medio de las tinieblas y de las sombras de la muerte. (v.2).
- La multiplicación de la gente y de la alegría. (v.3).
- El quebrantamiento del yugo, el castigo y el dominio del opresor. (v.4).
- La destrucción de todo motivo y efecto de guerras y violencia. (v.5).

¿Por qué es ahora posible todo esto? ¿Qué es aquello que ha logrado este cambio?

Según Isaías 9:6, todo esto es posible porque un niño nos es nacido. Ese es, y siempre ha sido el verdadero propósito de la Navidad. Libertad, alegría, luz y paz.

¿Cómo esta verdad afecta o determina la actitud de la iglesia ante el evento de la Navidad? Afecta, precisamente, en el propósito por el cual la iglesia fue establecida. Jesús edificó la iglesia con una misión específica: Llevar al mundo las buenas nuevas del Evangelio.

Ese es el sentido en el que la iglesia considera este segundo asunto de la preparación para la Navidad. La iglesia se prepara adecuadamente para cumplir con esta misión.

- Identifica la necesidad a su alrededor.
- Atiende estas necesidades.
- Allega recursos para sostener los diversos ministerios que la iglesia tiene.
- Predica el mensaje de salvación.
- Capacita líderes para continuar el ciclo.

El propósito de la iglesia es cumplir con el propósito de esa primera Navidad. La preparación de la iglesia, entonces, debe estar dirigida a atender el propósito de la primera Navidad. Si procuramos avanzar, crecer y sostener la iglesia, estamos cumpliendo con el propósito de la primera Navidad.

No obstante, en este pasaje también encontramos implícito otro anuncio. El anuncio de una Segunda Navidad. Sin embargo, cuando hablamos de una segunda Navidad, ¿de qué realmente estamos hablando?

Analicemos el pasaje desde otra perspectiva interesante. Específicamente, Isaías 9:7 nos habla de un imperio que no tendrá fin. Esto podemos considerarlo de dos maneras:

1. Se trata de un reinado que viene. Habla de un reinado futuro. Por lo tanto, este es un reinado que todavía no ha llegado.
2. Se trata de un reinado que, cuando venga, será un reinado eterno.

Si analizamos detenidamente lo que significó la primera Navidad, podemos hacer referencia a lo que anunciaba Juan el Bautista. Este gran profeta, en su discurso de arrepentimiento, anunciaba que el reino de los Cielos se había acercado. (Mateo 3:2). Si a esto añadimos que Juan era *"una voz que clama en el desierto"*, (Mateo 3:3), con la misión de preparar el camino del Señor, podemos concluir que el reinado del que Isaías 9:1-7 hace referencia es un reinado completamente distinto al que anunció Juan.

41

Juan anunció que la primera Navidad, esa primera venida de Cristo al mundo, era solamente el acercamiento del Reino, no era el establecimiento final de ese Reino del Mesías o el Reino de Dios.

Es por eso que podemos decir, sin temor a equivocarnos, que cuando Isaías habla de un reino eterno del Mesías, no habla de la primera Navidad, sino de una segunda Navidad. Una segunda Navidad que todavía está por cumplirse. Habla específicamente de una segunda venida del Mesías. Esa es, precisamente, nuestra esperanza. Ese es, en efecto, el fundamento de nuestra fe. Si algo nos sostiene en el camino de salvación es que esperamos esa segunda venida. Esperamos el día glorioso de la Segunda Navidad.

Ahora bien, note algo muy interesante. Esta Segunda Navidad considera, igualmente, los mismos dos asuntos que la primera Navidad:

1. Cumple con un propósito.
2. Requiere una preparación.

Dijimos que el propósito de la primera Navidad se cumplió en la iglesia. Cristo dejó fundada Su iglesia en la Tierra. Sucede, igualmente, que el propósito de la Segunda Navidad también será cumplido en la iglesia.

Decimos esto porque en la segunda Navidad Cristo vendrá a buscar la iglesia que formó como propósito de su primera Navidad. En la segunda Navidad Cristo vendrá a buscar la novia que consiguió tras la primera Navidad.

Entonces, ¿cuál debe ser nuestra actitud ante la segunda Navidad? Diremos que la segunda Navidad es un evento para el que también debemos estar preparados.

La Navidad es, en esencia, una promesa. Una promesa que se cumplió. Lo maravilloso de la realidad en Dios es que todavía falta el cumplimiento de una segunda promesa. La primera Navidad fue una promesa cumplida. Por tanto, la segunda Navidad es una promesa garantizada. Es una promesa garantizada porque ambas promesas provienen del mismo Dios. El mismo Dios que cumplió la promesa del Mesías, cumplirá la promesa de la segunda venida.

El mundo espera con entusiasmo la llegada de la Navidad. Esa primera Navidad que marcó la venida del Salvador del mundo. Nosotros, realmente, esperamos con mucha mayor expectación la llegada de la Segunda Navidad. La Navidad que marcará el retorno del Salvador del mundo.

Es por eso que nosotros predicamos que Cristo viene. Sin embargo, cuando decimos que Cristo viene, realmente lo que afirmamos es lo que el mismo Jesús afirmó en Juan 14:3, cuando dijo: "Vendré otra vez".

Cuando hablamos de que Cristo viene, de lo que hablamos específicamente es que regresa. Cristo regresa, porque ya Él vino una vez. Él vino por primera vez en la primera Navidad. Ahora, en la segunda Navidad, la Navidad que espera el pueblo de Dios, Cristo volverá. Regresará. Retornará.

Lo importante y lo interesante de ese regreso es que es tan seguro como el cumplimiento de la primera Navidad. ¡No lo dude! A Jesús no se le ha perdido el camino. Él conoce la ruta muy bien. Además, Él no ha dejado de cumplir ninguna de sus promesas. La primera Navidad se cumplió. La segunda Navidad de seguro se cumplirá.

En la primera Navidad el Reino de los Cielos se acercó, haciendo posible la salvación para toda criatura. En la segunda Navidad el Reino de los Cielos se establecerá. Se establecerá, esta vez con carácter permanente, haciendo real y firme esa salvación para toda criatura. Desde luego, para toda criatura que haya recibido en su vida el propósito de la primera Navidad.

La primera Navidad es la posibilidad para todos los hombres. La segunda Navidad es la realidad para todos los creyentes. No se trata de una ilusión o un cuento que nunca se cumplirá. Se cumplirá la segunda porque la primera se cumplió.

Demos la bienvenida a la Navidad. Ese evento inicial de nuestra salvación. Pero estemos preparados más bien para la segunda Navidad. Una nueva Navidad para celebración eterna.

Un Reino de los Cielos que se acercó y que se establecerá para siempre...

EL MINISTERIO DEL DESIERTO

Lectura: Lucas 1:5-17

En tiempo de Navidad las personas hacen muchos preparativos.

- Coordinar las fiestas de la familia, del trabajo, de la comunidad, de la escuela y hasta la fiesta de la iglesia.
- Invierten tiempo y dinero en la decoración navideña.
- Planifican y presupuestan los regalos para los niños, los seres queridos y las amistades.

Como vemos, de alguna manera, la Navidad es tiempo de preparación, de planificación y de mucho trabajo.

Usualmente, durante este tiempo, la temática de los sermones se concentra mayormente en el acontecimiento más trascendental para toda la humanidad: Dios se encarnaba en la figura del Niño Jesús, acercándose al hombre para salvarlo de su destino incierto y de su camino de perdición.

También, hablamos y escuchamos hablar acerca del anuncio del ángel a María y a los pastores, la escena del pesebre, la falta de lugar en el mesón y la visita de los magos.

Sin embargo, poco se dice acerca de los preparativos para esa primera Navidad. Siendo que este acontecimiento dio origen a la Navidad, y puesto que la Navidad significa "nacimiento", debemos suponer que, en efecto, Dios también hizo sus preparativos. Dios también hizo sus arreglos necesarios para la celebrar la primera Navidad.

Ahora, debemos considerar algo muy importante. El anuncio del nacimiento de Cristo implica que también se anunciaba al mundo el ministerio o la misión del Cristo que nacía. Mateo 1:21 explica brevemente el ministerio y la misión central del Divino Niño que se hacía carne para habitar entre nosotros.

"... él salvará a su pueblo de sus pecados". (RVR60).

El pasaje que nos ocupa contiene implícita una interesante dinámica de preparación relacionada con el nacimiento de Cristo. De hecho, de primera intención nos damos cuenta de que el pasaje se encuentra antes de la anunciación del nacimiento de Jesús, lo que me parece que resalta aún más el ministerio de preparación asignado a Juan el Bautista. El pasaje destaca el ministerio de la preparación en la figura de Juan el Bautista de la siguiente manera:

- El nacimiento del niño causará mucho regocijo. (v.14).
- No se contaminará con espíritus destilados (vino o sidra), sino que desde el vientre será lleno del Espíritu Santo. (v.15).
- Hará que muchos se conviertan a Dios. (v.16).
- Irá adelante a preparar para Dios un pueblo bien dispuesto. (v.17).

Por tanto, si de preparativos se trata, es necesario considerar que nosotros, como iglesia, debemos también prepararnos para la Navidad. Sin embargo, los preparativos de la iglesia no deben limitarse solamente a la organización de actividades, a la coordinación de un programa especial o a la limpieza y decoración del templo. Los preparativos de la iglesia deben estar enfocados a la consideración importante que mencionamos. Los preparativos de la iglesia en la Navidad deben estar dirigidos a:

- Anunciar el nacimiento de Jesús. Anunciar al mundo que Dios está con nosotros.
- Anunciar al mundo que el propósito, ministerio y misión de Cristo es salvar al mundo de su pecado.

Si aplicamos esto al ministerio de la iglesia, es propio decir que la iglesia, al igual que Juan el Bautista, prepara el camino de Jesús.

- La iglesia está llamada a anunciar que el mundo hoy puede regocijarse en Dios. Dios no está lejos. El anuncio es que Dios llegó para estar con nosotros.
- Por medio del ministerio de la iglesia muchos se convertirán a Dios.
- La iglesia va adelante para preparar un pueblo para Dios y una novia para el Cordero haciendo discípulos en todas las naciones, y...
- Para cumplir con ese propósito, la iglesia ha sido llena del Espíritu Santo.

De una manera especial, el ministerio de Juan el Bautista es el anuncio de que debemos prepararnos para anunciar la Navidad. Ahora, ¿cómo nos preparamos para anunciar la Navidad?

Recuerde que anunciamos la Navidad como un acontecimiento con propósito. El anuncio de la Navidad es el anuncio de que Dios está con nosotros y es el anuncio de que ese Dios que está con nosotros vino a salvarnos. Por tanto, nos preparamos para anunciar la Navidad de la misma manera en la que Juan el Bautista preparó el camino del Señor.

Esta preparación considera, al menos, los siguientes aspectos importantes:

1. La iglesia proclama que Cristo viene.

Juan el Bautista proclamaba que *"el reino de los cielos se ha acercado".* (Mateo 3:1). El nacimiento de Cristo acercó el reino de los cielos a todos los hombres. Esta era una promesa que implicaba la necesidad de "preparar el camino del Señor". (Isaías 40:3).

Hoy nosotros anunciamos lo mismo. Hoy nosotros preparamos el camino para el Rey que viene. Un Rey que viene a establecer el reino que puso al alcance de los hombres en el momento de la Navidad. Para lograr este propósito, la iglesia considera el siguiente aspecto.

2. La iglesia ministra arrepentimiento.

Parte fundamental del ministerio de la iglesia es *"bautizar en el nombre del Padre, y del Hijo y del Espíritu Santo".* (Mateo 28:19). El bautismo es parte del ministerio de la reconciliación atribuido a la iglesia, según nos enseña el Apóstol Pablo en (2 Corintios 5:18). Al igual que Juan el Bautista, ministramos arrepentimiento para que el mundo pueda huir de la ira venidera (Mateo 3:7), y bautizamos para testimonio de arrepentimiento a los hombres.

El bautismo es una representación del arrepentimiento y sepultura de los pecados que nos apartaban del reino que se ha acercado. Por eso es necesario que, al igual que Juan el Bautista, permanezcamos en el llamamiento al arrepentimiento. La iglesia debe seguir predicando en contra del pecado aunque, como al mismo Juan el Bautista, nos cueste la cabeza. El reino de los cielos se ha acercado, y es necesario que preparemos al pueblo para que esté dispuesto para el Señor. (Lucas 1:17).

3. La iglesia recuerda la promesa.

La verdad es que la realidad fundamental de la Navidad comenzó con una promesa. La promesa de Aquel que salvaría al mundo de sus pecados, (Mateo 1:21), y la promesa de un Rey cuyo reino duraría para siempre. (Isaías 9:7, Lucas 1:32-33). Esta promesa implica de manera especial el propósito de los dos aspectos anteriores.

- Si proclamamos a los cuatro vientos que Cristo viene es porque Cristo viene a reinar para siempre.
- Si predicamos arrepentimiento de pecados es porque el pueblo necesita estar preparado para cuando Cristo venga a reinar por siempre.

Ahora bien, note una característica especial del ministerio que la iglesia comparte con el ministerio de Juan el Bautista.

4. La iglesia ministra en el desierto.

Nuestro ministerio, al igual que el ministerio de Juan el Bautista, es lo que podemos llamar El Ministerio del Desierto, por las siguientes razones:

- *"El pueblo que andaba en tinieblas vio gran luz; los que moraban en tierra de sombra de muerte, luz resplandeció sobre ellos".* (Isaías 9:2).
- *"Voz que clama en el desierto: Preparad el camino del Señor; enderezad sus sendas. Todo valle se rellenará, y se bajará todo monte y collado; los caminos torcidos serán enderezados, y los caminos ásperos allanados; y verá toda carne la salvación de Dios".* (Lucas 3:4-6).
- *"El Espíritu del Señor está sobre mí, por cuanto me ha ungido para dar buenas nuevas a los pobres; me ha enviado a sanar a los quebrantados de corazón; a pregonar libertad a los cautivos, y vista a los ciegos; a poner en libertad a los oprimidos; a predicar el año agradable del Señor".* (Lucas 4:18-19).

El ministerio del desierto implica que declaramos la realidad de las cosas que, precisamente, no existen en el desierto. Esto es así porque...

- Dios declara las cosas que no son como si fueran. (Romanos 4:17).
- La fe es la certeza y seguridad de las cosas que no se ven como si se vieran. (Hebreos 11:1).

Por tanto, el ministerio del desierto es el ministerio de la iglesia que cree en lo que el mundo no cree, que hemos encontrado en Cristo lo que el mundo aún busca y que le dice al mundo que para Dios no hay nada imposible.

Podemos concluir que la Navidad no comenzó como nosotros creemos o como el mundo cree que comenzó.

- Comenzó antes.
- Comenzó con unos preparativos.
- Comenzó con el anuncio de esos preparativos.
- Comenzó donde todavía no había nada.
- Comenzó en el desierto.

La Navidad debe recordarnos que debemos prepararnos para salir al desierto. Cristo tiene que llegar hasta aquellos que aún no lo han alcanzado. En ese sentido, Cristo llega al mundo una vez más para rescatarlo cada vez que nosotros lo predicamos.

De otra manera, si Cristo no nace en el corazón del hombre, si el hombre no se entera de la verdadera noticia de este tiempo, si la iglesia no se ocupa de esos preparativos, si la iglesia no anuncia que Cristo ya está entre nosotros para rescatar a los pecadores, si la iglesia no ministra arrepentimiento, si la iglesia no recuerda la promesa de que Cristo volverá por esos rescatados, y si la iglesia no es la voz que sale a clamar al desierto, entonces no hay propósito, no hay razón de ser y no hay Navidad...

LA NOTICIA DEL PESEBRE

Lectura: Lucas 2:1-20

Todos sabemos que el anuncio de un nacimiento es motivo de celebración. Pero no solamente para la familia que recibe la criatura, sino incluso para la comunidad. Por tanto, podemos decir que el nacimiento de un niño es un acontecimiento social.

En el tiempo que nació Jesús, también era un acontecimiento social. Un acontecimiento que cobraba mayor importancia si se trataba de un varón.

Ciertamente el nacimiento de Jesús tuvo principalmente un propósito espiritual. Cristo vino a traernos salvación, tal y como lo menciona Lucas 2:11. Ahora bien, el nacimiento de Jesús fue, en muchos aspectos, diferente a cualquier nacimiento. En el caso particular de Jesús, ese propósito espiritual de su nacimiento consideraba el impacto que tendría en su pueblo, es decir, que el acontecimiento social de su nacimiento se vería matizado y determinado por el propósito espiritual por el que había nacido.

En ese caso, vamos a considerar los aspectos sociales y espirituales que hicieron del nacimiento de Jesús uno diferente.

1. El nacimiento de Jesús fue distinto en cuanto a su enfoque cultural y social.

Es interesante notar que a quienes fue anunciado primeramente el mensaje del nacimiento fue a los pastores. ¿Por qué? Porque el aspecto social del nacimiento de Jesús se vería impactado con el propósito espiritual de su llegada.

Socialmente los pastores eran un grupo marginado por la sociedad de entonces, en particular, por los religiosos. Eran personas que estaban en contacto con animales, por tanto, su apariencia no era la más agradable ni la más limpia. Eran personas que en muchas ocasiones no guardaban las fiestas, pues su trabajo no se los permitía. Sin embargo, Dios quiso que fueran ellos los primeros en recibir la noticia.

Así también lo interpreta el Apóstol Pablo, cuando en 1 Corintios 1:27-28 nos dice que Dios escoge lo vil y lo menospreciado para anunciar Su gran mensaje.

¿Fuimos nosotros alguna vez algo vil y despreciado? Ciertamente, sin embargo, Dios nos escogió a usted y a mí para llevar las buenas nuevas de la Navidad.

2. El nacimiento de Jesús fue distinto en cuanto a su contexto social.

La costumbre de esa época era que, cuando un niño nacía, los habitantes de la aldea tocaban canciones suaves. Sin embargo, nadie en Belén conocía de este nacimiento. Por tanto, ninguno de los habitantes de Belén iría a cantarle canciones suaves al Niño.

¿Qué sucedió entonces? Fueron, entonces, los *verdaderos* conciudadanos del Niño los que fueron a cantarle canciones suaves: Los ángeles del cielo. El ciudadano que acababa de nacer no pertenecía a este pueblo. Por tanto, la celebración de este nacimiento la tuvieron los ángeles que anunciaron a los pastores las buenas nuevas de gran gozo.

Lo interesante de esta celebración es que el anuncio se hace para el beneficio de toda la humanidad. Un regalo del cielo para los hombres. Esto implica que este nacimiento cumplía con un propósito específico. Un propósito distintivo, pues el nacimiento del Niño Jesús no era meramente el nacimiento del Hijo de Dios *en* la Tierra, sino el nacimiento del Hijo de Dios *para* la Tierra. No fue un nacimiento más *entre* nosotros, sino un nacimiento especial y único *por* nosotros.

3. El nacimiento de Jesús fue distinto en cuanto a su propósito.

Cristo había nacido para salvar el mundo. Sin embargo, es preciso ver la señal que el ángel le dio a los pastores en Lucas 2:12. El ángel le dijo a los pastores que verían a José y a María, y también verían al Niño envuelto en pañales y acostado en un pesebre.

Yo pienso, sin embargo, que la señal no era precisamente que el niño estuviera envuelto en pañales. Esto debió ser lógico. Esto era de esperarse. La verdadera señal para los pastores era encontrar a ese niño *en un pesebre*. Esta señal era, indiscutiblemente, mucho más extraordinaria.

Esto me hace mayor sentido, si consideramos que en esa señal para los pastores encontramos también una enseñanza para nosotros. Cristo hizo de un lugar sucio y detestable un precioso lugar que se recuerda con mucha alegría. Este es el milagro transformador de la presencia de Cristo en la vida de un hombre.

¿Recuerdas cómo Dios te encontró? Dios hizo de nosotros algo hermoso. Transformó nuestro pesebre en una señal de lo que Él vino a hacer por la humanidad.

Ahora bien, quiero señalar unos detalles interesantes de esta narración. Los pastores fueron apresuradamente a ver al Niño. Si salieron apresuradamente, quiere decir que fueron a ver al Niño sin las ovejas. Lo que quiere decir que los pastores no tuvieron por excusa el cuidar las ovejas para decidir ser parte de las buenas nuevas del Evangelio.

¿Qué excusas pondremos nosotros? ¿Acaso no le diremos a nadie lo que Dios hizo en nuestro pesebre? ¿Seremos capaces de ignorar la buena noticia de Cristo en nuestras vidas porque unas ovejas, o cualquier otro afán de la vida nos lo impida?

A esto también podemos añadir otra poderosa enseñanza. Si los pastores fueron a Belén a ver al Niño, ¿quién cuidó las ovejas? ¿Tiene una idea? ¿Le ayudo?

Yo le diré quién fue. Quien cuidó de las ovejas de estos pastores esa noche es el mismo que cuidará de ti y de los tuyos si te decides a ser parte de la noticia del Evangelio. Si te decides a ser parte de la noticia del pesebre, Dios será parte de tu noticia de vida.

Si tú te encargas de las cosas de Dios, Él se encargará de las tuyas. Maravilloso, ¿no?

Note ahora lo siguiente. Ciertamente el empadronamiento movió a muchísima gente a Jerusalén. Por decreto del emperador, se realizó un censo en el cual todos debían registrarse en su lugar de origen. Esto provocó una movilización masiva de personas, al punto de que los lugares de hospedaje en Jerusalén estaba abarrotados. Pienso que fueron muchos los que se quedaron sin lugar en el mesón esa noche, incluyendo a José y a María. José, María y El Niño no fueron los únicos que se quedaron fuera del mesón.

Sin embargo, el propósito espiritual del nacimiento de Jesús no contemplaba al mesón como el lugar adecuado, por extraño que esto parezca, así como no es en cualquier lugar donde se puede implementar el propósito espiritual del nacimiento de Jesús en nuestra vida. José y María recibieron la bendición del Niño en el pesebre. En adición, los pastores confirman la noticia de la Navidad porque obedecieron a los ángeles y fueron al pesebre.

¿Qué quiere decir esto para nosotros? Quiere decir que si nosotros queremos ser parte de la gran noticia de la Navidad, ¡también tenemos que estar en el pesebre! No encontraremos al Niño si no vamos al lugar exacto donde alumbra la Estrella. No confirmaremos la noticia de la Navidad si no vamos al pesebre.

El mesón era cómodo. El centro comercial en tiempo de Navidad es precioso y comodísimo. Pero allá no está la noticia del nacimiento. La noticia está en el pesebre. Fuera del pesebre no veremos al Niño. Fuera del pesebre no seremos parte de la verdadera Navidad.

Todo lo que Dios toca, lo transforma. Dios convirtió un sucio y revolcado pesebre en la señal inequívoca de que el Cristo había nacido. Más tarde, Dios transformó una rústica cruz en una señal inequívoca de nuestra redención, y una tumba vacía en la garantía eterna de nuestra salvación.

Alguien dijo una vez que desde la muerte de Jesús, la cruz se convirtió en una estrella de cuatro partes. Eso es cierto. Podemos, entonces, afirmar que lo que logró Jesús en la cruz cambió el destino de la humanidad. Pero, aunque el cambio culminó en la cruz y en la resurrección, el cambio comenzó en el pesebre. Esta es la noticia del día. Hoy nos ha nacido un Salvador.

Con todo, y a pesar de lo que éramos, Dios nos escogió a nosotros para llevar la gran noticia de la Navidad. Es justo entonces que hagamos lo que hicieron los pastores. Luego de ser testigos del nacimiento de Cristo, los pastores fueron testigos del Cristo del nacimiento.

Piensa por un momento. Sólo hubo un José. Sólo hubo una María. Sólo hubo un Niño. No quedan otros papeles disponibles en esta escena. No seas el burro del pesebre. Hoy nosotros podemos, y debemos ser los pastores de la historia.

Ojalá nosotros hagamos de esta Navidad una de testimonio de lo que Dios hizo en nuestro pesebre. De esta manera, también nos convertiremos en conciudadanos del Niño.

Celebremos igual que celebraron los ángeles esa noche. Celebremos igual que celebran los ángeles hoy. Así también celebraremos con los ángeles mañana...

EL VERDADERO MENSAJE DE LA NAVIDAD

Lectura: Lucas 4:16-21

Hace un tiempo, en un servicio de Navidad que celebramos en un hogar, pregunté a varios hermanos qué representaba la Navidad para ellos. Las respuestas fueron variadas, pero básicamente se concentraron en el tema de Jesús y su venida al mundo. No obstante, algo que es necesario destacar de este acontecimiento es que Cristo se hizo hombre, nació de mujer y tomó forma humana con un propósito. Hagamos, entonces, un poco de teología.

Si bien es cierto que Cristo pagó el precio de nuestra redención con su sangre en la cruz del Calvario, por otra parte es necesario destacar el hecho de que si Cristo no hubiera resucitado luego de morir en la cruz, nuestra fe y nuestra esperanza serían asuntos estériles. Era importante que Cristo muriera en la cruz, pero era sumamente importante la resurrección de Cristo, pues con la muerte venció al pecado, mas con la resurrección venció la muerte.

El plan es perfecto. Con ambas cosas, Cristo derrotó nuestros más terribles enemigos.

Es por eso que en Cristo se reconcilian todas las cosas. (Colosenses 1:20). El plan de salvación lo pagó todo.

Ahora bien, para que este plan tomara lugar, era necesario que se comenzara por un principio. La Navidad representa ese principio necesario. Sin Navidad no habría Cristo, no habría cruz ni habría resurrección. El plan lo pagó todo, pero con la Navidad comenzó todo el plan.

Es la Navidad, el nacimiento del Cristo, lo que hace posible que el resto del plan continuara. De hecho, en Lucas 2:11, el anuncio de los ángeles a los pastores fue claro y específico. Los ángeles anunciaron que esa hermosa noche, en Belén, había nacido un Salvador. Es en Navidad que nace el Salvador del mundo. He ahí la importancia de la Navidad. La Navidad es el Cristo Salvador. La Navidad es Cristo, y Cristo es la Navidad.

Por otra parte, si Cristo es la Navidad, y la Navidad es Cristo, podemos establecer que el mismo propósito con el que vino Cristo al mundo es el mismo propósito con el que celebramos la Navidad.

Es en este punto donde este pasaje que hemos considerado para desarrollar nuestro pensamiento cobra relevancia.

Si analizamos este pasaje a la luz de lo que representa la Navidad, veremos que la Navidad, el ministerio del Cristo hecho hombre y este pasaje son la misma cosa.

Analicemos, pues, las características de este pasaje y notaremos que esas características tienen mucho que ver con el verdadero espíritu y sentido de la Navidad.

Lo primero que sucede cuando Cristo llega a nosotros es darnos Su Espíritu. ¡Qué maravilloso regalo inicial!

Es importante notar que esta expresión de Jesús parece ser una declaración concluyente. Jesús afirma, por medio de la lectura del pasaje de Isaías 61, que el Espíritu de Señor está sobre él. Destaca a su vez el propósito de que él ha sido enviado y ungido para desarrollar una misión especial. Es entonces, por cuanto ha sido enviado y ungido para esta misión especial, que Jesús da a entender, afirma y concluye que el Espíritu del Señor está sobre Él.

Ahora bien, ¿cuál fue esta misión especial? Esta misión está claramente descrita en el pasaje que hemos considerado. Jesús fue ungido y enviado a:

1. Dar buenas nuevas a los pobres.

Jesús fue enviado a dar buenas noticias, precisamente a aquellos que casi nunca reciben una buena noticia. Pero sobre todo, Jesús mismo vino a ser esa buena noticia para aquellos que, por ser pobres, ya no tenían otro recurso de esperanza y salvación. Es por la pobreza de Cristo que nosotros hemos sido enriquecidos. Y ser rico es la mejor noticia que se le puede dar a un pobre. No es casualidad que el mismo Jesús dijera, en su primer discurso registrado en las Escrituras, El Sermón del Monte, que los pobres en espíritu son bienaventurados, porque para esos pobres, sin esperanza y sin salvación, hoy ha nacido un Salvador.

2. Sanar a los quebrantados de corazón.

Un corazón quebrantado es producto de una vida que ha perdido una ilusión. Por tanto, nada puede sanar a un corazón herido y roto que una nueva esperanza.

Dice un viejo refrán que "un clavo saca otro clavo". Cuando podemos sustituir lo perdido, cuando podemos llenar un vacío en nuestro interior, sentimos que cobramos nuevas fuerzas. Recuperamos el valor.

Eso vino a hacer Cristo. Cristo vino a llenar el vacío de nuestros corazones quebrantados. Cristo vino a recibir en su cuerpo el clavo que sacaría nuestro clavo de dolor, pecado y falta de esperanza.

Más aun, Cristo no vino a ser meramente un clavo que saca otro clavo. Cristo recibió por ti y por mí más de un clavo. Recibió un clavo en cada una de sus manos y un clavo en sus pies. Cristo llenó todo el espacio, por tanto hoy tu corazón ya no tiene que ser un corazón quebrantado, vacío y roto. Estábamos condenados a recibir los clavos. La buena noticia es que Cristo vino a recibirlos por nosotros.

3. Dar vista a los ciegos.

La mejor noticia que se le puede dar a un ciego es que podrá ver. Sin embargo, una noticia como esta hay que analizarla desde dos perspectivas. Dos perspectivas que atienden las dos clases de ciegos que físicamente conocemos:

- ¿Cómo recibirá la noticia un ciego de nacimiento?
- ¿Cómo recibirá la noticia alguien que en algún momento de su vida perdió la visión?

Note usted lo interesante de esta noticia. Si bien es cierto que un ciego de nacimiento recibirá con agrado la noticia de que ahora podrá ver, yo creo que nadie pudiera recibir una noticia como esta con mayor expectación que una persona que en algún momento de su vida podía ver.

Una persona que nunca ha visto no sabe lo que está a punto de recibir ante una noticia como esta, pero una persona que antes veía y ahora no ve sabe muy bien lo que está a punto de recuperar. Para quien no ve se trata de una nueva vida. Para quien perdió la vista se trata de una nueva oportunidad.

Eso es lo que hace Cristo con la Navidad. La convierte en una noticia de nueva vida para aquel que siempre estuvo muerto en su pecado. Pero para aquel que una vez vio y gozó de la vida en Cristo, la Navidad representa una nueva oportunidad de recuperar lo perdido.

- Es volver a nacer.
- Es salir del lodo cenagoso y volver a poner los pies sobre la peña.
- Es regresar al punto en el camino de donde nunca debió apartarse.

Hay dos clases de ciegos. La Navidad de Cristo y el Cristo de la Navidad es para ambos.

4. Predicar el año agradable del Señor.

Esta frase hace referencia a lo que menciona Levítico 25 como el año del jubileo judío.

Cada 50 años, (o para ser más específicos, el año siguiente a los 7 períodos de 7 años), se proclamaba el año del jubileo, donde todos los esclavos eran liberados y las tierras eran revendidas a sus primeros dueños. En otras palabras, era un año de restitución.

La noticia de la Navidad trae igualmente un mensaje de restitución. El mensaje de restitución de nuestra libertad, de la recuperación de nuestra herencia, del momento de regresar a nuestra casa. La Navidad es la noticia de que en Cristo se reconcilian todas las cosas. Volvemos por medio de Cristo a ser de Dios, y Dios vuelve a ser nuestro Padre.

5. Poner en libertad a los oprimidos.

Noten ustedes que cambiamos un poco el orden del pasaje. Sin embargo, he hecho este cambio por varias razones.

En primer lugar, sucede que alterando el orden del pasaje no alteramos el mensaje del mismo. Todas las noticias siguen siendo buenas.

No obstante, cambiando un poco el orden del pasaje, puedo dirigirme específicamente a resaltar el gran propósito de Cristo en la Navidad y de la Navidad de Cristo.

El gran propósito de Cristo cuando llega a nosotros en la Navidad es restaurar y reconciliar todas las cosas. Poner todo en orden divino. Cuando afirmamos que Cristo viene a poner en libertad a los oprimidos, lo que estamos afirmando es el propósito por el cual Jesús fue ungido y enviado por el Espíritu y por el Padre al venir a este mundo: Rescatar y salvar lo que se había perdido.

Esta liberación es únicamente posible por Cristo, porque fue Cristo el ungido y enviado. Nadie puede proporcionar esta salvación sino Aquel que vino ungido y enviado por el Espíritu y por el Padre a realizar esta tarea.

Poner en libertad a los oprimidos es una tarea exclusiva de Cristo, pues Cristo es el único camino, Cristo es la única verdad y Cristo es la única Navidad.

6. Pregonar libertad a los cautivos.

Quise dejar para lo último este detalle del pasaje porque tiene unas características únicas y especiales.

Noten ustedes que hemos mencionado que Cristo vino a predicar el año agradable del Señor, esto en directa referencia a su misión de liberación, restauración, restitución y reconciliación.

También hemos mencionado que, por cuanto esta liberación, restauración, restitución y reconciliación es parte de un ministerio ungido por Dios en Cristo, solo Cristo puede salvar, liberar, restaurar, restituir y reconciliar al hombre en Dios y con Dios.

Todo esto no deja dudas en cuanto a que la Navidad es Cristo y Cristo es la Navidad. En Cristo es cumplida la palabra profética del nacimiento del Salvador, tal y como el mismo Jesús lo afirma en Lucas 4:21. Sin embargo, hay un detalle especial en cuanto a este mensaje. Este mensaje es pregonado por Cristo, pero debe ser aceptado por el hombre.

Note bien que este punto del pasaje no implica que Cristo hará todo el trabajo. Su trabajo fue pregonar el mensaje del Reino de los Cielos. Él esparció la palabra. Ahora le toca al hombre querer abandonar su cautiverio. Es el hombre quien tiene que querer ser salvado, liberado, restaurado, restituido y reconciliado con Dios.

El mensaje que se ha pregonado es el siguiente:

- Cristo se hizo pobre para que fuéramos ricos.
- Cristo se hizo llaga, para que nosotros fuéramos sanos.
- Cristo murió, para darnos vida.
- Cristo se hizo siervo, para que nosotros fuéramos herederos.
- Cristo no tuvo hogar, para que nosotros tengamos una mansión en el cielo.
- Cristo sufrió hambre, para ser nuestro pan de vida.
- Cristo tuvo sed, para que ríos de agua viva corrieran por nuestro interior.
- Cristo quedó abandonado, para que nunca estuviéramos solos.
- Cristo fue hecho pecado, para que nosotros fuéramos justos.
- Cristo se hizo hombre, para que nosotros fuéramos espíritu.

¿No le parece a usted que ese es el verdadero mensaje de la Navidad? El ministerio de Cristo cumple con el propósito de la Navidad. Por eso es que la Navidad es Cristo y Cristo es la Navidad.

Ahora, ¿sabe por qué otra razón Cristo es la Navidad? Porque Cristo es un regalo. Cristo es ese regalo sorpresa para quien lo recibe. Pero también es la sorpresa del regalo.

Nadie esperaba el regalo en Belén esa noche. Desde luego, todos conocían de la promesa, pero no esperaban que esa promesa se cumpliera esa noche. Mucho menos que se cumpliera en la figura frágil y amorosa de un niño envuelto en pañales y acostado en un pesebre.

Igualmente sucedió con nosotros. Casi ninguno de los que se han convertido al evangelio habría planificado convertirse ese día que lo hicieron. Cristo llegó de sorpresa. Cristo nos sorprendió con un regalo que no pudimos rechazar ni devolver. Desde entonces, ese día fue Navidad para nosotros. Ese día tuvimos una nueva esperanza. Ese día la luz de la estrella nos alumbró.

En esta Navidad, dejémonos sorprender por el mejor regalo: CRISTO. Un regalo que promete cubrir todas tus necesidades, que promete darte la noticia que estabas esperando, que promete devolverte todo lo que habías perdido.

Cristo es la buena noticia que esperabas. ¿La quieres?

INTERCAMBIO DE REGALOS

Lectura: Lucas 2:1-14

Una de las costumbres más practicadas durante el periodo navideño es la de repartir obsequios. En las familias, el vecindario y hasta entre los compañeros de trabajo se organizan fiestas y reuniones en las que regularmente se incluye el intercambio de regalos. Por esto, y por muchas otras razones, la Navidad es una temporada de grandes expectativas.

Cuando estamos a la espera de un regalo, estamos sujetos a la misma expectación. Desde luego, la intención de Dios no se aparta de esta realidad humana. ¡La Navidad debe causar en nosotros una gran expectación! La Navidad es la noticia y el regalo más importante para el ser humano. ¡Es el acontecimiento más trascendental de todos los tiempos!

Siempre recuerdo una anécdota que viví cuando era apenas un niño. En una reunión de Navidad en una iglesia local organizaron un concurso entre jovencitos y niños de la comunidad. El concurso consistía en mencionar la noticia que nosotros consideráramos más impactante.

Las contestaciones fueron varias. Hacía muy poco tiempo que el hombre había llegado a la Luna. De hecho, para los organizadores del concurso, esa fue la respuesta ganadora. Sin embargo, mi hermano mayor se fue muy triste y confundido del concurso.

Una vez llegamos a casa, él le contó a nuestra madre lo sucedido, y le expresó su desacuerdo con la decisión. Mi mamá le preguntó cuál había sido su respuesta. Mi hermano le contestó que no podía haber otra noticia más importante que el nacimiento de Jesús, sobre todo porque estábamos en tiempo de Navidad. ¡Qué lección tan extraordinaria! Muchas navidades han pasado desde entonces. Sin embargo, hoy día no celebramos la llegada del hombre a la Luna. La Navidad, por el contrario, nunca ha perdido vigencia.

Ahora bien, la intención de Dios mediante la Navidad también considera los regalos. Entonces, ¿cuáles pudieran ser algunos de estos regalos que Dios tiene para nosotros en la Navidad? Veamos algunos de ellos.

1. Buenas noticias.

¿Cómo usted se siente cuando recibe una buena noticia? Una característica especial de las buenas noticias es que nunca están de más.

Las buenas noticias son bien recibidas en todo tiempo. No importan cuál sea nuestra situación actual, siempre es agradable recibir buenas noticias. ¿Cuánto más en tiempos difíciles?

En el tiempo en que Jesús nació, el pueblo de Israel vivía bajo el dominio del Imperio Romano. El pueblo vivía un tiempo difícil, de grandes presiones políticas y sociales. ¿No sucede lo mismo hoy, en nuestros días?

Lucas 2:10 nos dice que el ángel trajo a los pastores "nuevas de gran gozo". ¿Por qué eran necesarias las nuevas de gran gozo en aquel tiempo? Por las mismas razones que estas nuevas de gran gozo son necesarias para nosotros hoy. La llegada de Jesús al pueblo fue oportuna. Cristo llegó a tiempo para Su pueblo.

De igual manera, la llegada de Jesús a la vida del hombre siempre es oportuna. El Dios que siempre vive en un presente perfecto, se hizo presente, se hizo regalo, perfectamente y en el tiempo perfecto para toda la humanidad.

Es por eso que el tiempo más perfecto para que Jesús nazca en nuestros corazones es ahora. El presente es el tiempo perfecto para que Dios llegue a la vida del hombre.

La noticia de que hoy Cristo puede nacer en nuestros corazones nunca le caerá mal a nadie. Nunca hará daño recibir a Jesús como Señor, por el contrario, la llegada de Jesús a nuestra vida siempre será una buena noticia. El nacimiento de Jesús marca la llegada de una nueva oportunidad.

La historia de la humanidad quedó marcada con el nacimiento de Cristo. Desde entonces, la historia de la humanidad quedó dividida en el tiempo antes de Cristo y el tiempo después de Cristo. La vida del hombre que deja a Jesús nacer en su corazón queda igualmente marcada. Las cosas viejas ahora son hechas nuevas. (2 Corintios 5:17).

Esta es la razón por la que la Navidad es siempre un motivo de celebración. No hay noticia más alegre, ni más necesitada, ni más esperada como aquella que nos dice que hoy nos ha nacido un Salvador. La salvación era entonces, y es hoy, la noticia más importante y más trascendental para mundo. El Dios de la eternidad se hizo carne mortal para asegurarle al mundo una vida eterna en los cielos.

Hoy podemos dar por terminada nuestra racha de malas noticias. Hoy podemos terminar con la maldición del pecado. La noticia ya es confirmada. Ha nacido nuestro Salvador.

2. Luz.

El regalo de la luz tiene unas consideraciones que debemos observar. Cuando hablamos de la luz es necesario tener en cuenta que la luz es revelación. La luz pone de manifiesto todas las cosas. La luz pone al descubierto lo que está oculto. Ante la luz no se esconde nada.

Más adelante en el pasaje, en Lucas 2:32, encontramos a Simeón, un hombre piadoso, justo y lleno del Espíritu Santo, declarando que este niño que había nacido era *"luz para revelación a los gentiles y gloria del pueblo de Israel"*. Esa misma revelación es la que lo hace exclamar, inspirado por el Espíritu, que sus ojos habían visto la salvación.

El nacimiento de Cristo, entonces, ha puesto de manifiesto el gran amor de Dios para los hombres. El nacimiento de Jesús no deja dudas en cuanto a cómo y cuánto Dios nos ama.

Recordemos que el propósito por el cual Jesús se hizo hombre era para pagar nuestra deuda de pecado para con el Padre. Esta es la demostración más grande del amor de Dios. Y esa noticia no podía permanecer oculta. Nadie debe desconocer que Dios le ama tan profundamente que vino en la figura del Hijo a morir en su lugar por causa del pecado.

Por tanto, la luz es también conocimiento. La luz es la declaración de esta verdad divina tan extraordinaria. La luz es el conocimiento que se descubre ante todos los que desconocían el amor de Dios. Por lo mismo, vivir en ignorancia o desprecio de esta verdad es vivir en oscuridad. Es vivir preso del temor. Es estar bajo el Imperio Romano.

Es por esto que la luz es también libertad. Este amor y verdad hoy son manifestados, expuestos y alumbrados por medio de la luz. Si esta verdad es recibida, entonces nos permite adquirir el conocimiento que nos dará la libertad a nuestra oscuridad. A nuestra ignorancia. A nuestra muerte.

Es por esta razón por la que el mismo Jesús nos dice en Juan 8:32:

"y conoceréis la verdad, y la verdad os hará libres". (RVR60).

En Cristo somos libres del pecado y su consecuencia directa e inevitable, que es la muerte. Por tanto, ser libre de la oscuridad y la ignorancia es VIDA. Jesús es la luz del mundo. Es la luz y es nuestra salvación. Él se revela y se da a conocer a los hombres para que podamos tener en Él vida, y vida en abundancia.

3. Paz.

Por causa del pecado, el hombre había quedado separado de Dios. La armonía y la comunión habían quedado quebrantadas. Entonces, era necesario que el hombre recibiera la buena noticia de la Navidad, y pudiera de esa manera restablecerse ese vínculo roto y destruido. Desde luego, al tratarse de una buena noticia, el hombre podía recibirla con mayor alegría. El nacimiento de Cristo es, entonces, un regalo de paz.

Por otro lado, el nacimiento de Jesús, según Lucas 2:14, tiene dos propósitos fundamentales:

- Que Dios sea glorificado en las alturas, ...
- ..., y que haya paz en la tierra.

De esta manera, como expresa este mismo versículo, se cumple la buena voluntad para con los hombres. El nacimiento de Cristo es el tratado de paz que necesitaba el hombre para acercarse a Dios y reiniciar su relación con su Padre.

Ahora hay un tratado de paz. No se trata de una simple tregua. Se trata de un regalo. Un pacto necesario. Un regalo permanente. Siempre disponible. Siempre presente. Siempre vigente.

4. Pan.

Como indica la Escritura, Jesús nació en Belén, una ciudad en la región de Judea. Esto sucedió así, en primer lugar, para que se cumpliera la profecía del profeta Miqueas:

"Pero tú, Belén Efrata, pequeña para estar entre las familias de Judá, de ti me saldrá el que será Señor en Israel; y sus salidas son desde el principio, desde los días de la eternidad". (Miqueas 5:2). (RVR60).

Pero, en adición a este cumplimiento, hay otra razón por la cual Jesús nació en Belén. Sucede que la traducción literal del nombre de Belén es "casa de pan". Y ciertamente, tanto para el pueblo de Israel entonces, como para nosotros hoy, aquí tenemos otro hermoso regalo de Navidad.

El nacimiento de Cristo es un regalo de pan. Con Jesús llega el alimento para el hambriento. He ahí la razón por la cual el mismo Jesús declaró lo siguiente:

"No os dio Moisés el pan del cielo, mas mi Padre os da el verdadero pan del cielo. Porque el pan de Dios es aquel que descendió del cielo y da vida al mundo. Jesús les dijo: Yo soy el pan de vida; el que a mí viene, nunca tendrá

hambre; y el que en mí cree, no tendrá sed jamás". (Juan 6:32-33, 35). (RVR60).

Jesús es pan de vida. Es por esto que también la Palabra de Dios afirma en Hebreos 12:2 que Jesús es el *"autor y consumador de nuestra fe".* Jesús es el alimento de nuestra vida y es la realidad del Padre que sostiene nuestra fe.

5. Alas.

Finalmente llegamos a considerar otro importante regalo de Dios en Navidad para la humanidad.

Usted dirá que tener alas no es posible, pues nosotros no somos angelitos. De hecho, nuestra percepción en ese sentido es que los angelitos son los únicos que tienen alas, y tienen alas porque son muy buenos. En cambio nosotros, por ser tan malos, no merecemos tener alas. Sin embargo, voy a pedirle que esta percepción general no le confunda. Para ello, consideremos lo que nos presenta este pasaje.

Cuando el nacimiento de Jesús fue anunciado, nos dice el pasaje que un ángel del Señor se les presentó a los pastores que guardaban las vigilias de la noche. Dice el pasaje que un gran resplandor acompañó este anuncio, por lo que los pastores sintieron gran temor.

No obstante, dice también la Escritura que los pastores creyeron a este anuncio, fueron a ver al Niño, y luego salieron anunciando a todos los que habían visto.

En nuestros tiempos, somos nosotros, los que hemos creído a este anuncio, los que anunciamos al mundo las buenas nuevas de la salvación. Ahora nosotros somos esos ángeles. Hoy somos nosotros los que anunciamos el nacimiento del Salvador. Por eso es que Dios, en Navidad y siempre, nos regala alas.

- Hoy nosotros somos los pregoneros de buenas nuevas para aquellos que necesitan a Jesús AHORA.
- Hoy somos los que anunciamos al mundo una nueva oportunidad en Cristo. Una nueva historia. El antes y el después. La reconciliación con el Padre.
- Hoy somos la luz para aquellos que viven en tinieblas, oscuridad e ignorancia.
- Hoy somos la luz que pone de manifiesto la verdad de Cristo y al Cristo de verdad.
- Hoy somos embajadores de paz para los que viven en una guerra constante por la búsqueda de la felicidad.
- Hoy somos los legisladores del tratado de paz entre Dios y los hombres.
- Hoy somos los cocineros de la pascua.

- Hoy somos los distribuidores del pan de vida para los que tienen hambre. Hoy nosotros somos los que damos de comer a las naciones el pan del cielo.

Usted me preguntará, ¿cuáles, entonces, son mis alas? ¿Será que ahora podré volar para llevar el evangelio al mundo? Ciertamente para muchos, estas alas son las de los aviones que tienen que tomar para realizar sus viajes misioneros. Pero para todos, aún para los misioneros, estas alas son la Palabra de Dios.

Hay un refrán que dice que las palabras se las lleva el viento. Por mi parte, me gusta mucho una frase que dice que las palabras vuelan en las alas del viento. ¡He ahí las alas. He ahí el regalo de Navidad de parte de Dios! Hoy la Palabra de Dios es la que nos permite alcanzar las vidas que están en oscuridad, a los que están hambrientos y a los que necesitan escuchar buenas noticias.

Hay una particularidad especial que debemos considerar. Al principio mencionamos que somos muy dados en este tiempo al intercambio de regalos entre nuestras familias y amigos. Ahora bien, en estos intercambios de regalos se observan unas especificaciones importantes, como el tipo de regalo y el límite de precio.

En el caso del nacimiento de Jesús no tenemos que preocuparnos por esas limitaciones. El Cristo que nació en Belén, y que nosotros anunciamos al mundo, no tiene límites. Podemos dar a Jesús en todo tiempo, a todo el mundo, y nunca escaseará nuestro abasto.

Nunca será para nosotros un sacrificio anunciar a Cristo, pues Cristo es la fuente inagotable de la salvación. Tampoco será un regalo que nos haga quedar mal. Cristo ha sido, es, y siempre será el mejor regalo de todos los tiempos.

¡Este sí que es un maravilloso regalo! ¡Esta sí que es una extraordinaria noticia!

Hoy Dios te invita a Su intercambio de regalos. ¿Quieres tú traer el tuyo? Y tu regalo, ¿dónde está?

Jesús nació en Navidad para entregar su vida por ti. ¿Quieres tú entregarle la tuya?

Dios ha dispuesto estos y muchos otros regalos para la humanidad. ¿Te animas a participar?

Aquí están los regalos de Dios. Ven, y busca el tuyo...

PRESENTES PRESENTES

Lectura: Mateo 2:1-11

¿Alguna vez se ha preguntado usted el significado de los regalos llevados por los Magos de Oriente al Niño Jesús? ¿Qué significado tiene el oro, el incienso y la mirra como regalos?

Comencemos por recordar que los regalos, así como los nombres, tenían un significado especial en la cultura de los pueblos para el tiempo de Jesús. No se nombraban a los hijos con nombres que no tuvieran un significado específico.

Los regalos, por su parte, tampoco se hacían de cualquier manera. Representaban algo especial. Buenos deseos, distinciones, reconocimientos. Un regalo era un símbolo. Una declaración. Pero más que nada, un regalo era representativo de la clase de persona que recibiría ese regalo. Por tanto, los regalos de los Magos debían representar características especiales del Niño Dios.

Cuando los Magos de oriente escogieron los regalos que traerían a Jesús, lo hicieron considerando los resultados de sus estudios astrológicos y proféticos.

Cuando así lo hicieron, concluyeron efectivamente que no se trababa de cualquier persona. Ellos entendieron que se trataba de alguien verdaderamente único y especial. Es entonces que, bajo esas premisas, escogieron los regalos que traerían a Jesús. Fueron regalos muy bien pensados, porque estos regalos tenían un significado igualmente único y especial.

Entonces, ¿por qué escogen el oro, el incienso y la mirra? Si estos regalos definen las características especiales del Niño, ¿cuáles eran esas características?

Sería necesario, entonces, definir el significado de estos regalos de los Magos para poder entender lo que los Magos quisieron decirle al Niño Jesús con los mismos. Consideremos cada uno de ellos en detalle.

1. Oro

El oro era entonces, y es en la actualidad, el metal más precioso y preciado del mundo. Un regalo en oro era considerado en aquellos tiempos un regalo real. De la realeza. Digno de un rey. Por tanto, el oro era representativo del reconocimiento del poder y riqueza de la persona que recibía dicho regalo.

Ahora bien, recordemos que los Magos vinieron a *adorar* al Niño Rey que había nacido. Y debemos entender que reconocer y distinguir es algo muy distinto a adorar. Podemos reconocer y distinguir a las personas, pero eso no significa que las adoramos.

Entonces, el reconocimiento de los Magos tenía otra connotación. No era únicamente un reconocimiento real. Era un reconocimiento divino.

¿De qué manera, entonces, los Magos pudieron adorar al Niño con oro? ¿Cómo el oro puede representar adoración a Dios? Consideremos otras características importantes del oro.

El oro, como hemos dicho, es el metal más valioso del mundo. Tanto así que, aún en nuestros tiempos, el oro mantiene un alto valor en el mercado. El oro sigue siendo el metal más apreciado por los diseñadores de prendas.

No obstante, hay otra interesante característica del oro que debemos conocer y considerar. De acuerdo a los conocedores de inversiones mundiales, el oro es considerado como una protección ante lo inestable del mercado mundial, a causa de los elevados precios en el petróleo y sus derivados.

Es decir, el oro es considerado como una inversión segura y confiable, ya que su valor es consistente, estable e igualmente seguro y confiable.

A la luz de estas características, ¿qué quisieron decir los Magos de oriente cuando presentaron oro al Niño Dios? Lo que representa el oro como regalo es igual a lo que representa Jesús para el mundo entero. Jesús es nuestro más seguro abrigo y protección, porque *"El que habita al abrigo del Altísimo, morará bajo la sombra del Omnipotente".* (Salmo 91:1). (RVR60). Debajo de Sus alas podemos estar seguros.

En adición, esa seguridad en Cristo es igualmente consistente y confiable, al igual que el valor del oro. Dando oro al Niño, los Magos estaban declarando lo que también declara la Escritura en Hebreos 13:8:

"Jesucristo es el mismo ayer, y hoy y por todos los siglos". (RVR60).

El oro es el símbolo del Rey, de Su poder, de Su riqueza y de Su seguridad. En Jesús aplica ciertamente la expresión de que "vale lo que pesa en oro"...

2. Incienso

Por otro lado, el incienso es también un presente de gran actualidad y valor. Industrias como la perfumería, la aromaterapia y la medicina natural encuentran en el incienso una fuente de gran riqueza.

El incienso es altamente buscado y solicitado para perfumar cualquier lugar. La presencia del incienso en cualquier espacio causará que el mismo se impregne de su olor.

He ahí la importancia de regalar incienso al Niño. Regalar incienso a Jesús era reconocer que Su olor lo llena todo. Es reconocer que nada se esconde de Su presencia. Regalar incienso era reconocer la omnipresencia de Dios.

Pero no tan solo eso. También es reconocido el poder sedativo del incienso. El incienso posee características tranquilizantes. Esta característica, igualmente, reconoce la sensación de paz que experimentamos cuando estamos en la presencia de Dios. El mismo Jesús declaró lo siguiente en Juan 14:27:

"La paz os dejo, mi paz os doy; yo no os la doy como el mundo la da. No se turbe vuestro corazón, ni tenga miedo". (RVR60).

La presencia de Cristo, y la paz que proporciona estar en Su presencia son inigualables. Estas características solamente pueden corresponderle a Alguien verdaderamente único y especial.

- Solo Dios puede proporcionarnos la paz que el mundo no puede dar.
- Solo Dios puede lograr que nuestro corazón no se turbe ni tenga miedo.
- Solamente cuando Dios está presente podemos estar en verdadera paz.

Ahora bien, quisiera considerar otra característica del incienso que me parece muy interesante. También se ha comprobado que el incienso puede estimular la voluntad, la autodeterminación y muchas otras áreas de la conducta en el ser humano. Esto nos indica que esa presencia divina que representa el incienso es una presencia espiritual. Esta es ciertamente una característica especial de Dios, porque es por medio de la conexión entre el Espíritu Santo y nuestro espíritu que recibimos testimonio de Su presencia y Su paz.

El Apóstol Pablo así mismo lo expresa en Romanos 8:16 cuando dice:

"El Espíritu mismo (con letra mayúscula) *da testimonio a nuestro espíritu, de que somos hijos de Dios".* (RVR60).

Ciertamente el oro es símbolo de que el Niño nacido en Belén es Rey. Pero no un rey cualquiera. Es el Rey de Reyes. El incienso, por su parte, complementa esta declaración diciendo que Ese Rey es también Dios. El incienso, entonces, es el símbolo de que Jesús es Dios.

Ahora, ¿qué significa la mirra?

3. Mirra

La mirra es una resina perfumada, utilizada mayormente para embalsamar a los muertos. Esta es la razón principal por la que muchos teólogos concuerdan en que la mirra era un símbolo de la muerte de Jesús.

Ciertamente la mirra indicaba que ese Niño que nació siendo Rey Y Dios también era el Dios y Rey que se hacía hombre. También indicaba el propósito por el cual Dios, siendo Rey y Dios, se hizo hombre. La mirra indicaba que Dios se hizo hombre para pagar con su muerte el pecado de todos nosotros. Ese Niño era Dios y es Dios, pero tuvo que nacer como hombre para morir como hombre.

Ahora bien, ¿sabía usted que la mirra también posee grandes propiedades curativas?

Considere lo siguiente:

- Los soldados griegos llevaban consigo ungüento de mirra para utilizarlo como antiséptico y astringente, de manera que pudieran curar y cicatrizar sus heridas en el combate.
- Desde tiempos antiguos, la mirra era utilizada en el tratamiento de enfermedades respiratorias. Era utilizada como expectorante para ayudar a curar bronquitis, tos, catarros y resfriados. Además, también se utilizaba para desinflamar las mucosas nasales.
- Aplicándola en masajes, la mirra se utilizaba también como estimulante del apetito, para combatir la anorexia y hasta para la depresión.

¿Qué pudieran significar estas propiedades especiales de la mirra como regalo a Jesús y sus características personales?

Hemos dicho que el regalo de la mirra a Jesús representaba que ese Niño Dios y Rey había nacido como hombre para morir por nuestros pecados. Pero este propósito representado en la mirra es mucho más amplio y glorioso.

Ese propósito amplio y glorioso es descrito de manera maravillosa por el profeta Isaías, cuando nos dice lo siguiente:

"Ciertamente llevó él nuestras enfermedades, y sufrió nuestros dolores; y nosotros le tuvimos por azotado, por herido de Dios y abatido. Mas él herido fue por nuestras rebeliones, molido por nuestros pecados; el castigo de nuestra paz fue sobre él, y por su llaga fuimos nosotros curados". (Isaías 53:4-5) (RVR60).

Los regalos de los Magos declaraban la naturaleza del niño que había nacido. Jesús es Dios y es Rey, pero se hizo hombre para, a su vez, convertirse en un hermoso regalo para la humanidad.

Ahora, recordemos que los Magos, una vez escogieron los regalos para el Niño, vinieron con una misión clara y precisa. Los Magos vinieron a adorar. En ese sentido, la actitud de adoración de los Magos estaba relacionada íntimamente con la calidad y el significado de los regalos que ofrecieron.

Los Magos vinieron con la actitud correcta, y de acuerdo al significado de los regalos que trajeron. Regalos y actitud estaban cogidos de la mano.

Los regalos nos dice que Jesús:

- Es Dios porque viene de la misma naturaleza del Padre. Su poder nos brinda la paz y la seguridad que el mundo no

puede dar. Su presencia nos perfuma y lo llena todo en nuestra vida.
- Es Rey porque Su Reino es incorruptible, eterno, seguro, confiable y poderoso. Un Reino que ya se ha acercado a los hombres y que regirá a todas las naciones por siempre.
- Es hombre porque se hizo hombre. Se hizo hombre para cumplir los propósitos del Padre.
- Se hizo hombre para acercar el Reino de Dios a los hombres. En Jesús, Dios viene a los hombres.
- Se hizo hombre para acercar a los hombres al Reino de Dios. En Jesús, los hombres encuentran hoy el camino para venir al Padre.

Los Magos de oriente vinieron con los regalos y la actitud correctos para adorar al Niño Jesús. Sobre todo, estos regalos de los Magos representan valores que fueron buenos en el pasado y son buenos en el presente. Los regalos de los Magos fueron antes, y son hoy, presentes presentes.

Y nosotros, ¿qué haremos?

- Nuestros regalos a Dios, ¿hablan de lo que Dios representa para nosotros?
- ¿Estamos pensando cuidadosamente la forma en la que adoraremos a Dios?

- ¿Escogemos cuidadosamente los presentes que hemos de traer al Niño?

¿Qué significa el regalo que hoy traes a Jesús?

Haz como los Magos. Examina lo que hoy traes a Jesús como ofrenda. Verifica que eso que traes al Niño exprese lo que realmente quieres decirle a Dios.

Y, finalmente, ven, y adórale...

LOS REGALOS DE ARTABÁN

Lecturas: Lucas 10:25-37, Mateo 2:1-2, 25:1-13

Existe una vieja leyenda rusa, de origen desconocido, que afirma que, en lugar de 3 magos, fueron 4 los magos que salieron de Oriente a adorar al Niño Dios a Belén. Este cuarto mago, de nombre Artabán, llevaba consigo varios regalos. Se dice que llevaba vino, aceite y muchas joyas para ofrecer a Jesús.

El punto de reunión con los otros 3 magos sería Borsippa, una antigua ciudad de Mesopotamia. Cuando iba de camino, Artabán encontró a un pastor que estaba muy anciano y enfermo. Una tormenta en el desierto dispersó su rebaño, y no había podido reunirlas. Artabán se vio movido a misericordia y decidió ayudar a este pastor a encontrar sus ovejas. Esta tarea le tomó varios días, pero afortunadamente, logró rescatar a todas las ovejas perdidas. Además, Artabán le ofreció algunas de sus joyas y un poco de vino y aceite.

Al llegar a la ciudad de encuentro, se dio cuenta de que sus compañeros ya habían salido, al notar que no llegaba.

No obstante, con gran optimismo, emprendió su viaje tras ellos, con la esperanza de encontrarlos en el trayecto.

Varios días después, encontró un campo de trigo ya dispuesto para la siega. Al pasar por el camino, unos niños y una mujer lo detuvieron. La mujer, quien era la madre de estos niños, le suplicó que le ayudara a recoger el trigo de su sembradío. Su esposo estaba muy enfermo, y sin ayuda, seguramente se perdería toda la cosecha. Una vez más, Artabán se vio ante el dilema de alcanzar a sus compañeros o quedarse a ayudar a esa pobre mujer. No obstante, y sin pensarlo mucho, se quedó para ayudar.

Al terminar su tarea, le obsequió algunas de sus joyas a la familia para que las vendieran y pudieran comprar medicinas para el padre de familia. También dejó parte de su vino y de su aceite para que cubrieran algunas necesidades inmediatas.

Artabán estaba preocupado, pues temía equivocar el camino. Sabía que ya había perdido la caravana de sus amigos. Además, la estrella que guiaría su sendero había desaparecido, por lo que su travesía se vio muy retrasada. Tuvo que detenerse varias veces en el camino para preguntar la ruta.

Finalmente, Artabán llegó a Belén, sin embargo, no encontró a Jesús. Desafortunadamente, encontró la ciudad sumida en una tristeza profunda. Las mujeres lloraban la muerte de sus pequeños hijos, pues el rey del lugar había mandado matarlos. Uno de los del pueblo le dijo que vieron a José, María y el Niño huyendo en dirección a Egipto.

Artabán pensó en ir tras ellos, sin embargo, la desolación era demasiada como para pasarla por alto. ¿Quién ayudará a consolar a estas mujeres? ¿Quién ayudará a cubrir los gastos para enterrar a los niños asesinados y curar los heridos?

Una vez más Artabán tomó la decisión de quedarse para ayudar. Vendió parte de las joyas, del vino y del aceite para cubrir gastos. Regaló los camellos que ya no tenían carga. Además, dejó joyas, vino y aceite adicionales para que cubrieran otras necesidades. Tan pronto el pueblo comenzó a dar muestras de recuperación, partió con los tesoros que aún le quedaban hacia Egipto.

De camino se detenía a ayudar a quienes se encontraba en el camino. Cada vez más se retrasaba por ayudar a los demás.

Al llegar a Egipto se encontró nuevamente con que Jesús y su familia ya no estaban allí.

La señora de la casa donde se quedaron le dijo a Artabán que habían regresado a Nazaret. Un poco defraudado, Artabán emprendió su viaje de regreso a Palestina, no sin antes detenerse a ayudar a los pobres y necesitados que encontraba a su paso.

Pasaron muchos años. Artabán ya estaba viejo y cansado. No obstante, aún conservaba parte de sus tesoros. Un día, mientras llegaba a la ciudad de Jericó, escuchó que en Jerusalén había un hombre a quien llamaban El Mesías. Se decía que había entrado a la ciudad montado en un pollino de asna, y que el pueblo lo aclamaba como Rey.

Sin perder tiempo, Artabán montó un camello que le prestaron a cambio de un lujoso brazalete y se dirigió rumbo a Jerusalén. Le preguntó a un sacerdote y a un levita que venían de regreso cómo podía llegar allá. Ellos le dieron algunas indicaciones y continuaron su camino.

Mientras iba, escuchó unos quejidos al lado del camino. Al detenerse, encontró a un hombre a quienes unos ladrones le habían robado y le habían dejado mal herido. Por un momento pensó en hacer lo mismo que hicieron los otros dos, sin embargo, su buen corazón no se lo permitió. Había ayudado a tanta gente. Este hombre no iba a ser la excepción.

De inmediato, se bajó de su camello, desinfectó las heridas con vino, les untó aceite para aliviar su dolor, y con parte de su propia ropa las vendó. Subió al hombre al camello y lo llevó a un mesón cercano. Allí lo cuidó varios días y, antes de irse, le entregó al mesonero dos piezas de plata y le pidió que lo cuidara, y que si algo faltaba para cubrir los gastos él se lo pagaría a su regreso.

Cuando finalmente llegó a Jerusalén, era el viernes de pascua. Había un gran alboroto en la ciudad. Al preguntar a la gente del pueblo lo que sucedía, éstos le dijeron que la gente se dirigía al Monte de la Calavera. Le dijeron que Jesús, el mismo que habían recibido como Mesías hace una semana, era llevado a morir crucificado allá.

Artabán sintió un profundo dolor al enterarse de la noticia. ¡No podía ser! ¡Era precisamente a ese Jesús a quien él buscaba con tanto deseo!

Temía no llegar a tiempo para, al menos, verlo vivo aunque fuera un instante. Estaba muy viejo, sin fuerzas, y apenas le quedaba un rubí para obsequiarle.

En ese momento, una mujer joven era llevada para ser vendida como esclava para pagar las deudas de su padre.

Artabán la liberó, entregando la última pieza que le quedaba en su tesoro en pago de la deuda.

Con gran tristeza, Artabán se sentó a orillas del camino. Sentía vergüenza de acercarse a Jesús con las manos vacías.

En ese momento, unos hombres pasaron a su lado. Comentaban sobre una de las enseñanzas de Jesús, aquella que decía que si ayudamos al desamparado, damos agua al sediento, vestimos al desnudo y visitamos al preso y al enfermo, es como si se lo hubiéramos hecho al mismo Dios.

Artabán sintió un profundo sentimiento de satisfacción en su pecho. Decidió hacer un último esfuerzo por ver a Jesús para agradecerle, pues se sintió identificado con la enseñanza.

Poco a poco se fue acercando al lugar de la crucifixión. Llegó hasta Jesús justo en el momento en el que hablaba con uno de los ladrones que le acompañaban.

En ese momento, Artabán aprovechó para decirle a Jesús:

- Perdóname, Jesús, he llegado demasiado tarde.

Fue, entonces, que Jesús pronunció una de sus últimas frases desde la cruz. Unas palabras que, si bien fueron dichas al buen ladrón, también Artabán las recibió como suyas. En ese mismo instante Jesús les dijo:

- Hoy estarás conmigo en el Paraíso.

Ese mismo día Artabán murió, solo, a orillas del camino y en la más extrema pobreza.

Esta es una hermosa narración. Una narración que, cierta o no, contiene unas profundas enseñanzas para nosotros.

Hemos tenido la oportunidad de conocer que los regalos de los Magos de Oriente tienen un significado especial, no sólo por lo que representaban en relación a Jesús, sino que estos regalos tienen unas implicaciones importantes para nuestra vida cristiana.

En ese sentido, los regalos de Artabán tienen unas implicaciones valiosísimas para nosotros y para nuestra teolosis, es decir, para nuestra formación, desarrollo y crecimiento en la experiencia de la vida cristiana.

Siendo así, vamos a establecer el valor real de los regalos de Artabán, no tan solo para Jesús, sino para todos nosotros.

1. Joyas

Cuando hablamos de joyas, usualmente hablamos de collares, brazaletes, pulseras, oro, plata, rubíes, esmeraldas y zafiros. Ciertamente todas ellas son joyas, seguramente de incalculable valor y de una hermosura sin igual.

Las joyas en el tiempo de Jesús tenían un valor extraordinario, pero su valor no era únicamente metálico. El valor de las joyas radicaba en lo que representaban. Las joyas eran regalos distintivos de la realeza. Eran talentos muy preciados, tanto entre los ricos como entre los pobres. Recibir una joya como regalo era propio de una alta distinción y reconocimiento.

Ahora bien, por diferentes que sean las joyas, solamente tienen dos clasificaciones:

- Prendas ornamentales fabricadas con metales.
- Piedras preciosas.

Es precisamente en este detalle que se encierra una importante enseñanza para nuestra vida. Las joyas no son solamente tesoros naturales, sino que también son el producto de los que podemos hacer con esos tesoros naturales.

Dios nos ha dotado con talentos naturales de igual valor. Cada uno de nosotros ha recibido de parte del Señor habilidades, capacidades y recursos para ser productivos en la vida. Esas, ciertamente, son joyas que Dios nos ha dado. Las otras joyas, esas que fabricamos con oro, plata y otros metales preciosos, son, entonces, la demostración de esas capacidades y habilidades que nos han sido dadas por Dios.

Las joyas son los talentos con los que adoramos a nuestro Dios cuando, en obediencia y amor, los ponemos al servicio de Su causa y los entregamos como ofrenda de adoración. Hacer buen uso de esos talentos es también parte de los tesoros con los que adoramos a Dios.

¿Están nuestras joyas a la disposición de Jesús? ¿Estaremos agradando a Dios con las joyas que creamos? ¿Son nuestros talentos, y lo que hacemos con ellos, tesoros dignos con los que adoraremos a nuestro Señor?

2. Vino

El vino fue otro de los presentes con los que Artabán pretendía adorar al Niño Dios. ¿Qué significaba este tesoro para Jesús? ¿Qué representa para nosotros? ¿Cómo el vino puede representar un tesoro para adorar a nuestro Dios?

Sabemos que el vino es producto de la fermentación del zumo de la uva. Sin embargo, la preparación del vino es muy especial y particular. En primer lugar, esta fermentación se produce por los azúcares y ácidos de la misma fruta. El buen vino nunca se mezcla con otra sustancia para lograr su fermentación. Los factores ambientales son celosamente protegidos para evitar una posible contaminación.

De igual manera, la prensada de la uva también se realiza muy cuidadosamente. El preparador de vino sabe que el centro de la uva es la parte más dulce de la fruta. También sabe que la corteza es la parte más amarga de la uva, pero la corteza es la parte que produce el color tinto del vino. Por tanto, para el preparador de vino es importante que la prensada produzca la mayor cantidad del dulce de la uva, pero que también produzca suficiente color de la parte amarga de la fruta. Así pues, mientras más profunda sea la prensada, el vino será más dulce, pero también será más tinto.

Nuestra adoración a Dios debe contar con estas mismas características. No puede estar contaminada con factores del mundo ni debemos alterarla con otras sustancias extrañas. Debe ser pura y celosamente cuidada.

Debe ser producto de lo más profundo de nuestro ser. Solo así, nuestro vino será un tesoro de adoración digno del Niño Dios.

Por otro lado, también es claro notar que nuestra adoración a Dios debe producirse, tanto en los momentos más dulces como en los momentos más amargos de nuestra vida. La Palabra de Dios nos exhorta en 1 Tesalonicenses 5:18 a que demos gracias a Dios en todo. El Apóstol Pablo nos enseña también en Romanos 8:28 que a lo que aman a Dios *"todas las cosas*, (buenas o malas), *les ayudan a bien"*.

Por tanto, ambas etapas en la vida del cristiano siempre habrán de producir cosas útiles. Nuestra uva toma forma por medio de la presencia de ambas circunstancias. Ambos ingredientes son valiosos y necesarios para la elaboración del vino representativo de nuestra adoración a nuestro Señor.

- Los buenos momentos nos dan felicidad. Los malos momentos nos dan experiencia.
- La felicidad nos hace más dulces. La experiencia nos hace más fuertes.

Nuestro vino no tendrá la consistencia deseada si no contiene tanto de la parte dulce como de la parte amarga de la uva.

Nuestra adoración debe ser igualmente consistente, tanto en los buenos momentos como en los malos.

3. Aceite

Por último, tenemos el aceite. El primer aceite que se conoció fue el aceite de oliva. Hay varias clases de aceites, y su clasificación surge de su producción. Hay aceites naturales, minerales, orgánicos y procesados. Hay aceites que son letales si los consumimos, y hay aceites que son beneficiosos y necesarios para el ser humano.

Los aceites que podemos consumir son muy importantes, pues estos aceites nos ayudan en la formación del tejido muscular y de los huesos. También nos ayudan en la producción de hormonas, la promoción y reserva de vitaminas y energía, y en el desarrollo celular.

Sin aceite en el cuerpo se producen malformaciones, y se atrofian los sistemas nerviosos y hormonales.

La Palabra de Dios nos enseña que el aceite no solamente es importante para nuestra salud física, sino que es representativo de una condición espiritual saludable.

Mateo 25:1-13 nos narra la Parábola de las Diez Vírgenes. Cuenta la parábola que hubo 5 de esas vírgenes que fueron prudentes y 5 de ellas fueron insensatas. La diferencia entre ellas fue el aceite. Las prudentes tenían suficiente aceite para sus lámparas, mientras las insensatas no tenían aceite.

Tener aceite es sinónimo de salud espiritual. Sin aceite en nuestras lámparas no podemos estar listos para recibir a Jesús.

Nuestros niveles de aceite indican la disposición que tenemos para adorar al Niño Dios. Sin aceite no estamos listos. Nuestra adoración se queda corta, atrofiada e incompleta. Sin aceite no llegamos.

¿Cuál es, entonces, el aceite que necesitaremos para estar saludables espiritualmente y para adorar eficazmente a nuestro Dios?

El Salmo 119:105 nos da una interesante clave:

"*Lámpara es a mis pies tu palabra, y lumbrera a mi camino*". (RV).

La Palabra de Dios es el aceite que nos permitirá desarrollarnos adecuadamente en la experiencia de vida cristiana.

La Escritura nos nutre, fortalece todos nuestros sistemas y sensores espirituales, da formación a nuestro carácter y nos desarrolla en todas las áreas de nuestra vida.

Consumir el aceite de la Palabra de Dios mantiene nuestras lámparas encendidas, permite que podamos producir un vino que exalte a nuestro Dios y nos mantiene en óptimas condiciones para crear joyas que glorifiquen el nombre de Jesús.

Si nuestras joyas son una demostración de cuánto amamos a Dios, debemos procurar que las mismas sean dignas del Rey de reyes y Señor de señores.

La pureza de nuestro vino representa nuestra separación de toda contaminación mundanal. Nuestro vino es representativo de la santidad con la que adoramos a Nuestro Dios.

El aceite indica nuestro deseo de estar empapados de la presencia de Dios. Nuestras lámparas deben estar rebosando del aceite del Espíritu Santo. Conocer las Escrituras nos permite conocer la voz de Dios y Su forma de hablar. Y, desde luego, conociendo Su voz podremos seguirle.

Solo así podemos adorar a Dios como Él se lo merece.

Siendo así, ¿para qué nos sirven todos estos tesoros en nuestra adoración y en el resto de nuestra vida cristiana? ¿Cómo haremos que Jesús reciba todos estos tesoros que le ofrecemos?

- Buscando las ovejas perdidas.
- Recogiendo el trigo que está listo para la siega.
- Consolando a los tristes y desafortunados.
- Levantando y rescatando al herido.
- Libertando a los esclavos del pecado.

Artabán nos enseña que cuando servimos a los demás, también adoramos a Dios. Adoramos a nuestro Dios con nuestras joyas, nuestro vino y nuestro aceite. Así como Artabán, si lo hacemos con uno de los pequeñitos, lo hacemos con Jesús.

Artabán buscó a este Niño Dios durante toda su vida. Hoy ese Niño Jesús está frente a nosotros. Es momento de tomar nuestros tesoros e ir a su encuentro.

¡Adorémosle!!!

AL ESTILO DE SANTA CLAUS

Lecturas: Varias

La Navidad es época festiva. De celebración. De unión familiar. De compartir. A tales efectos, se preparan diversas actividades, fiestas, reuniones y todo tipo de eventos. Se dice que es la temporada más alegre del mundo.

¿Qué podemos decir en relación al término "navidad"? La palabra "navidad" se deriva del latín *"Nativitas"*, que significa "nacimiento". De ahí que la celebración de la Navidad se centralice en la "natividad" o nacimiento de Jesús, el Hijo de Dios. Por otro lado, en inglés la celebración se llama "Christmas", término que significa "misa, cántico o coro de Cristo", en representación a la manifestación angelical de la que los pastores en Belén fueron testigos, según nos consta en Lucas 2. En alemán el término utilizado es *"Weihnachten"*, que significa "noche de bendición".

Hay tantas cosas y detalles bonitos que podemos considerar acerca de este tiempo. No obstante, y es lamentable decirlo, la atención general que recibe la Navidad no apunta hacia ese carácter original de su celebración.

Desafortunadamente, la Navidad se ha convertido en un evento comercial por excelencia. Para muchos, la Navidad comienza con las compras del llamado "Viernes Negro", justamente al día siguiente de la celebración del Día de Acción de Gracias.

Este término "Viernes Negro" no implica, sin embargo, un término tenebroso. (Aunque la dinámica de compras esa madrugada es caótica, desenfrenada y hasta peligrosa). El término "Viernes Negro" tiene una implicación puramente comercial, pues se refiere a que ese día, los comerciantes que durante el año han operado en déficit (o "en rojo") tienen la oportunidad de contrarrestar alguna mala racha de ventas y pueden optimizar sus operaciones (o llevar el balance de sus cuentas de "rojo" a "negro").

La Navidad ya no se celebra con el mismo sentido ni por la verdadera razón de ser:

- El espíritu cristiano de compartir se ha cambiado por un espíritu egoísta que nos seduce a satisfacer nuestros caprichos y deseos personales.
- Se sustituye la alegría y la reafirmación de la amistad por una competencia sin sentido por demostrar quién puede lucir los mejores adornos navideños.

- Se ha sustituido a Cristo como personaje central de la Navidad por la leyenda del personaje de Santa Claus.

Pensando en esto, he querido darle un giro especial a esta desafortunada realidad. No es que "me uno a ellos" en virtud de que no puedo "contra ellos", como dice el refrán. (Si no puedes contra ellos, úneteles). Más bien, quiero sacar partido de esta realidad a favor del verdadero propósito de la Navidad.

Pretendo dar un enfoque cristiano práctico del personaje de Santa Claus en la dinámica de vida cristiana. Para ello, observaremos algunos detalles de la vida de Santa Claus que pudieran ser de utilidad para nuestra vida.

Veamos, entonces, algunas de las cosas que hace Santa Claus que nosotros los cristianos deberíamos estar haciendo.

1. Santa Claus tiene una base de operaciones.

Según la leyenda, Santa Claus tiene su taller de juguetes en el Polo Norte. Desde allí, Santa Claus elabora todo su plan para que el Día de Navidad sus maniobras sean exitosas y su trabajo sea fructífero.

¿Cómo aplicamos esto a nuestra teolosis? El autor o la autora de la carta a los Hebreos nos ofrece una clave:

"No dejemos de asistir a nuestras reuniones, como hacen algunos, sino animémonos unos a otros; y tanto más cuanto que vemos que el día del Señor se acerca". (Hebreos 10:25) (Biblia *Dios Habla Hoy*).

- Todo cristiano debe tener un centro de reunión para coordinar la operación del ministerio que Dios ha puesto en sus manos.
- En la iglesia encontramos el apoyo, la instrucción y el ambiente de formación que todo cristiano necesita para ser efectivo en la instrucción del Señor de ir y llevar el evangelio a toda criatura.
- Dios ha dispuesto una casa tibia y cómoda en medio del terrible frío del Polo Norte del pecado y la maldad.
- Es desde la iglesia, en la iglesia y para la iglesia que trabajaremos para el enriquecimiento del Reino de Dios.
- La casa de Dios es nuestro principal centro de mando para la ejecución y cumplimiento de nuestra misión.

Santa Claus podrá comer galletitas con leche en todas las casas el día de Navidad, pero el desayuno, el almuerzo y la cena de todos los días lo recibe en su casa. Él tiene el Polo Norte. Nosotros tenemos el templo.

2. Santa Claus se mantiene cerca de los renos y los duendes.

Santa Claus conoce un secreto, o más bien la realidad de un refrán que a veces a nosotros se nos olvida: El ojo del amo engorda al caballo. Santa Claus sabe que mantenerse cerca es garantía de que el equipo de trabajo se mantendrá unido y operando. Por otro lado, no crea que todos los días en el Polo Norte se vive como en un paraíso.

Seguramente Santa Claus atiende las quejas de los duendes, las necesidades de los renos, y hasta tiene alguno que otro argumento con la Señora Claus. Sin embargo, nada proporciona un ambiente de seguridad y tranquilidad en el Polo Norte como saber que Santa Claus está en la casa.

Por esta misma razón, en términos de nuestra fe y servicio cristiano, es necesario que nosotros nos mantengamos cerca, vigilantes a lo que sucede para poder prestar ayuda cuando se necesite.

El ministerio de Jesús nunca se realizó a la distancia. Jesús tocaba, y se dejaba tocar. Observe lo que nos demuestra el pasaje de Marcos 1:40-41:

"Vino a él un leproso, rogándole; e hincada la rodilla, le dijo: Si quieres, puedes limpiarme. Y Jesús, teniendo misericordia de él, extendió la mano y le tocó, y le dijo: Quiero, sé limpio". (RVR60).

Más adelante, el mismo evangelio de Marcos nos presenta esta hermosa realidad de una manera más gráfica:

"Y dondequiera que entraba, en aldeas, ciudades o campos, ponían en las calles a los que estaban enfermos, y le rogaban que les dejase tocar siquiera el borde de su manto; y todos los que le tocaban quedaban sanos". (Marcos 6:56) (RVR60).

Estar cerca indica que nuestro ministerio de compasión puede ser efectivo. Seguramente Santa Claus huele a reno o a duende, por estar tan cerca de ellos. Nosotros tenemos que impregnarnos del dolor y las lágrimas de aquellos que necesitan un abrazo, un beso o una palabra de aliento. Estar cerca significa que prestamos nuestras manos, nuestros hombros y nuestro pecho para quien lo necesite.

Un chiste muy común en la comunidad pastoral es que usualmente nos decimos que olemos a hospital o a funeraria. Yo creo que de eso mismo se trata.

De nada valen los títulos y reconocimientos si el propósito primordial no es el servicio. Santa Claus no es admirado por lo gordo que es, o por lo peculiar de su risa, sino por lo que se dice que hace. Es por eso que el evangelio se predica por hechos y por testimonio.

En última instancia, a los niños no les interesa si Santa Claus es feo o bonito, o si su barba es real o ficticia. De hecho, algunos niños ni se le acercan para tomarse una foto con él. A ellos les interesa que el día de Navidad sus regalos estén debajo del árbol.

Para que un título tenga valor, tiene que ser un título que se ejerza o se defienda. De otro modo, el título es cartón y almidón. Así mismo, para que el ministerio de la iglesia en el mundo sea bueno, la iglesia debe ser buena en el ministerio hacia el mundo.

La misión es buena cuando se cumple.

El ministerio es bueno cuando se hace.

3. Santa Claus atiende las cartas de los niños.

Aunque este detalle se relaciona con el anterior, denota un propósito adicional. Cuando los niños escriben cartas a Santa Claus lo hacen porque tienen fe de que recibirán lo que pidieron. Desde luego, sabemos que "Santa" traerá los regalos de acuerdo a cómo los niños se hayan portado, o considerando que hay otros niños a los que también hay que llevarles un regalito. Sin embargo, aquí se nos presenta una consideración especial de nuestro ministerio.

Ciertamente nuestro ministerio contiene una alta dosis de calor humano y servicio. El Polo Norte es muy frío, y mucha gente necesita una buena taza de chocolate caliente en un ambiente como ese. Pero no debemos olvidar que nuestro ministerio contiene una gran dosis de fe y valores espirituales. Eso es, precisamente, lo que nos distingue en el servicio humano: El elemento de la fe.

Los ministerios de ayuda al necesitado son buenos, pero no debemos perder de perspectiva que nosotros predicamos la Palabra de Dios, nuestra misión es rescatar a los perdidos y nos alentamos en la fe los unos a los otros.

De otra manera, la iglesia se convierte en un club social o en un grupo de apoyo comunitario y filantrópico.

- Nosotros ayudamos a mantener la llama del Espíritu ardiendo.
- Nosotros debemos recibir a los débiles en la fe. (Romanos 14:1).
- Nosotros debemos amonestar a los ociosos, alentar a los de poco ánimo, sostener a los débiles y ser pacientes para con todos. (1 Tesalonicenses 5:14).

El ministerio de la iglesia sobresale cuando la iglesia hace lo que le corresponde, y cuando le enseña al mundo a creer en lo que Dios hace. Parte de nuestro ministerio debe ser el de mantener viva la fe acerca de lo que a Dios le corresponde hacer.

A Jesús se le llamaba Maestro por enseñar la fe y los valores del Reino. Hoy esa tarea nos corresponde a nosotros.

4. Santa Claus actualiza su catálogo de regalos.

La realidad es que los niños de hoy ya no piden los regalos de antes. Hoy la tendencia en regalos son los juegos electrónicos, todo lo computadorizado y todo lo tecnológico.

Aún aquellas niñas que piden muñecas prefieren las que hacen algún ruido o las que hacen gestos o movimientos.

Desde luego, en cuanto a nuestra dinámica de vida cristiana, debemos tener cuidado con este concepto. No se trata de que la iglesia comprometa la oferta del evangelio, sino de que la iglesia debe contextualizar la oferta del evangelio a la demanda de los tiempos.

A esto es lo que se refiere el Apóstol Pablo cuando nos exhorta lo siguiente:

"No os conforméis a este siglo, sino transformaos por medio de la renovación de vuestro entendimiento, para que comprobéis cuál sea la buena voluntad de Dios, agradable y perfecta". (Romanos 12:2) (RVR60).

En primer lugar, notemos que la exhortación de Pablo está dirigida a que tengamos cuidado de que las costumbres pasadas o actuales ejerzan una influencia contraria a la voluntad de Dios.

El regalo de Dios para la humanidad sigue siendo el mismo, porque la Navidad es solo una, el Salvador nacido es solo uno, la verdad de Dios sigue siendo la misma y la necesidad del hombre sigue siendo la misma.

Pero, por otro lado, renovar nuestra mente es considerar que la historia del hombre ha presentado cambios significativos que nosotros no podemos ignorar. Además, Dios no ignora la evolución del hombre, por eso la revelación del Dios al hombre ha evolucionado, ha progresado y ha crecido conforme a esos cambios y necesidades.

Siempre se ha predicado de Cristo como Salvador del mundo, y como que su sacrificio en la cruz ha tenido el propósito de alcanzar el perdón de nuestros pecados. Todo esto es muy cierto, pero el mensaje del evangelio es mucho más.

En Lucas 4:18-19, Jesús mismo nos recuerda lo abarcador de su ministerio:

"El Espíritu del Señor está sobre mí, por cuanto me ha ungido para dar buenas nuevas a los pobres; me ha enviado a sanar a los quebrantados de corazón; a pregonar libertad a los cautivos, y vista a los ciegos; a poner en libertad a los oprimidos; a predicar el año agradable del Señor". (RVR60).

La iglesia debe ser una vanguardista. Debe ser aquella que se mantenga predicando un evangelio actual y propicio a nuestros tiempos, pues de todas maneras, el mensaje del evangelio nunca ha perdido vigencia.

5. La casa de Santa Claus es una representación del tiempo de Navidad.

En Navidad la gente admira la decoración de las casas y la creatividad que se despliega en las vitrinas de los centros comerciales. Lo cierto es que, aunque el sentido de la Navidad no se encuentra en los adornos, los adornos y el olor de los árboles de pino nos ambientan, y de alguna manera despiertan en nosotros el *"christmas spirit"*.

La aplicación de este punto a nuestra experiencia de vida cristiana va dirigida en la misma dirección. Nosotros no vivimos la Navidad sólo porque adornemos la casa de Dios. Nosotros no vivimos la Navidad únicamente durante una época del año. Nosotros vivimos y gozamos la Navidad todos los días. Para nosotros, todo el año es Navidad. Es por eso que la casa de Dios debe ser representativa del verdadero espíritu de la Navidad. La gente debe encontrar, respirar y sentir Navidad en la casa de Dios.

Es una total contradicción, sobre todo para el pueblo cristiano, que la alegría de la Navidad sea únicamente la experiencia pasajera del jolgorio, la fiesta y los regalos que se comparten en esta época, y que la iglesia de Dios sea el lugar donde recordamos el nacimiento de Cristo únicamente como el anticipo del sufrimiento, el dolor y la pena de su eventual sacrificio en la cruz durante la Semana Santa.

Es cierto que Cristo nació como humano para morir luego por la salvación de la humanidad y el perdón de los pecados, pero, tanto lo uno como lo otro son realmente motivos de júbilo, agradecimiento, gozo, alegría y vida. Los ángeles y los pastores no sufrían por el nacimiento del Niño. Ellos cantaban y glorificaban a Dios por lo que había acontecido. (Lucas 2).

Desafortunadamente, la Navidad parece ya no tener el mismo sentido para el pueblo de Dios. Desafortunadamente hemos reservado el adorno y la alegría para nuestras casas y no adornamos la casa de Dios ni con una sonrisa. En cierto modo, a eso se refería Dios por medio del profeta Ageo cuando reclama:

"¿Y acaso para ustedes sí es tiempo de vivir en casas lujosas, mientras que mi templo está en ruinas?". (Ageo 1:4) (Dios Habla Hoy).

- La casa de Dios debe marcar la norma y el patrón del tiempo de Navidad.
- Es la casa de Dios la que debe oler a Navidad todo el año.

- La Navidad en el hogar, en la comunidad y en el país entero debe vivirse como si únicamente la pudiéramos vivir en la iglesia.
- La Navidad debe ser una demostración al mundo de cómo se vive en la casa de Dios porque la Navidad es una creación del Dios de la casa.

¿Entendemos el reto? ¿Comprendemos el compromiso? ¿Está claro el mensaje?

Veamos ahora el siguiente punto.

6. Santa Claus se mantiene caliente en el Polo Norte.

Cuando consideramos este punto no lo hacemos pensando en el chocolate caliente que mencionamos hace un rato, porque el efecto de ese calor, aunque sabroso, es temporero. El calor al que hacemos referencia tiene una connotación y un carácter permanente.

El que la choza de Santa Claus esté calientita y acogedora no es producto de la casualidad o la suerte. Santa Claus y su gente trabajan para que la casa se mantenga cómoda. El calor del hogar es una llama interior que une, reúne y consolida.

La Palabra de Dios hace una referencia similar. El Apóstol Pablo nos exhorta de una manera simple, sencilla y directa: *"No apaguéis al Espíritu"*. (1 Tesalonicenses 5:19). (RVR60).

Es un riesgo muy grande apagar el fuego de Dios en nuestras vidas, porque existe un inmenso peligro de morir congelados. Recuerde que, al igual que Santa Claus, usted vive y trabaja en un lugar muy frío. Es vital mantener un corazón ardiente, y permanecer cubierto bajo las alas del Altísimo. El Salmo 91:1 nos dice:

"El que habita al abrigo del Altísimo, morará bajo la sombra del Omnipotente". (RVR60).

Y luego afirma:

"Con sus plumas te cubrirá, y debajo de sus alas estarás seguro; escudo y adarga es su verdad". (Salmo 91:4). (RVR60).

Por último, consideraremos la siguiente característica.

7. Santa Claus ubica a Rudolph al frente del trineo.

Rudolph es un personaje muy particular. Rudolph es el llamado "reno de la nariz roja".

Su nariz alumbraba el camino, aún bajo las peores condiciones y en medio de la peor tormenta.

Desde luego, nuestra intención no es comparar a Jesús, la luz del mundo, con un simple reno. Sin embargo, la ilustración de Rudolph nos recuerda que la luz siempre debe ir adelante. Si no ubicamos la luz enfrente para que dirija nuestro camino, no llegaremos a nuestro destino.

- Los magos de oriente llegaron a adorar al Niño porque la estrella iba delante de ellos. (Mateo 2:9).
- El pueblo de Israel marchó por el desierto en medio de la noche porque una columna de fuego les alumbraba. (Éxodo 13:21).

No nos arriesguemos ni tan siquiera a salir por el mundo frío del Polo Norte de la vida sin que la luz de Dios los ilumine. Dios debe ser siempre nuestra luz en medio de las tinieblas.

¡Qué muchas cosas puede enseñarnos Santa Claus acerca de la vida cristiana! Hoy hemos aprendido, o hemos recordado que, después de todo, el centro de la verdadera Navidad no es Santa Claus. Es Cristo Jesús.

- Los cristianos somos los únicos que celebramos la Navidad de la forma correcta.
- Los cristianos somos los únicos que celebramos Navidad todo el año.

La luz de Cristo está en nosotros. Hoy nos toca alumbrar a otros con la verdadera estrella, que es aquella con la que hemos adornado nuestros corazones.

Es hora de que, en lugar que Santa Claus represente la Navidad, nos convirtamos en "Santos Claus". La verdadera Navidad es nuestra.

Regalemos al mundo frío y perdido el calor y el espíritu de la verdadera Navidad...

EL PESEBRE Y LA CRUZ

Lectura: Lucas 2:1-7

Josef von Fuhrich fue un pintor austriaco del Siglo 19. Fue considerado uno de los más prominentes pintores del llamado "Movimiento Nazareno" alemán, el cual procuraba revivir la honestidad y la espiritualidad romántica del arte cristiano en Europa.

Cuenta su historia que, cuando niño, se dedicó a crear pesebres, tanto en cuadros como en esculturas y toda clase de artesanías. Un día, cuando ya tenía 16 años de edad, decidió abandonar la práctica de crear pesebres. Pensó que ya era todo un hombre, y que hacer pesebres era cosa de niños, y para niños. Buscando, entonces, mayores retos para su arte, ingresó a la Academia de Arte de Austria en 1816. Nunca más quiso pensar en pesebres.

Por algunos años, luego de terminar sus estudios, se dedicó a restaurar obras de otros grandes artistas. Pero un buen día algo sucedió. Su hijo Lucas cuenta en las memorias de su padre que mientras trabajaba en cierta restauración de un cuadro religioso, vinieron a su mente los tiempos de su infancia, en los cuales era admirado por el pueblo por sus creaciones con pesebres.

Por un momento se resistió a la idea, pero el pensamiento fue mucho más poderoso. "Cuando hacía pesebres era creador de mi propio arte", pensó para sí, "mientras que restaurando obras de otros pintores solamente estoy copiando un arte que no me pertenece". Haciendo pesebres era él mismo. Pintando otra cosa realmente no era nadie.

Fue entonces que reconoció que todavía había dentro de él una inquietud que realmente nunca desapareció, a pesar de haberla creído muerta por tantos años. "Yo hacía pesebres cuando niño porque creía que con eso adoraba a Dios. ¡Pero Dios es muy grande! ¿No será acaso un pesebre algo muy pequeño para Dios?".

En ese instante, según él mismo testificó, oyó la voz de Jesucristo que le decía: "¿Qué sabrías tú de mi grandeza, si yo no me hubiera hecho pequeño en un pesebre por amor a vosotros?".

Desde entonces reanudó la práctica de pintar y construir pesebres. Luego creó otras hermosas estampas bíblicas, las cuales le valieron el honor de pertenecer a la Orden Real del Emperador Franz Joseph I de Austria en 1872. Alcanzó ver sus obras en exhibición en diferentes iglesias importantes de Europa antes de su muerte en 1876.

Sus amigos le reprocharon por abandonar un trabajo bien remunerado en aquel tiempo, por lo que ellos entendieron que se trataba de un capricho por complacer a sus hijos.

Fuhrich les respondió lo siguiente:

"No, no es por mis hijos. Es por mí. Dios me habló y me hizo conocerlo por medio de un pesebre. Ahora quiero que Dios le hable a todo el mundo por medio del pesebre, y que por medio del pesebre todo el mundo conozca a Dios. Lo que realmente he hecho por mis hijos es enseñarles que, cuando ya yo no pueda, ellos tienen el encargo de seguir construyendo pesebres, porque así conocerán mejor a Jesucristo, y podrán darlo a conocer mejor".

La escena del pesebre tiene la particularidad de traer a nuestra memoria el pensamiento de que la Navidad ha comenzado. No obstante, el mundo moderno ha trastocado la importancia que tiene.

- Para muchos, la imagen del pesebre les produce ansiedad, porque ha llegado la época del año en la que hay que comprar regalos para la familia y las amistades.
- Otros corren de aquí para allá buscando vestimentas alusivas al nacimiento de Cristo para los dramas o los desfiles

navideños de la escuela o la iglesia en los que participarán sus hijos.

- Otros la interpretan como la señal de salida en una carrera por la mejor decoración del vecindario.
- Para otros el pesebre es la excusa para fiestas, borracheras, comelatas y jolgorios.
- Para muchos otros el pesebre significa la felicidad, pero buscan esa felicidad precisamente fuera del pesebre.

Sin embargo, para el pueblo verdaderamente cristiano, el pesebre tiene una gran importancia. La gran importancia del pesebre para el pueblo cristiano radica en lo que representa. En el inmenso valor que tiene, dentro del valor mismo de la Navidad. La importancia del pesebre radica en las enseñanzas que se derivan del mismo para nuestra vida cristiana.

1. El pesebre y la cruz tienen una gran relación.

Si algo debemos tener meridianamente claro es el hecho de que el pesebre y la cruz representan el comienzo y el fin del maravilloso misterio del plan de salvación. Todo el plan de redención de la humanidad que culminó con la muerte de Cristo en la cruz comenzó de manera gloriosa con su nacimiento en el pesebre.

El pesebre fue el punto de partida de todos los pasos de Jesús sobre la tierra hasta el Calvario. El pesebre y la cruz nos dan por igual las mismas lecciones. El pesebre nos dice con alegría que la vida de Jesús en la Tierra fue pobreza, humildad, sacrificio y renuncia. La cruz nos repite con dolor y lágrimas el mismo mensaje: pobreza, humildad, sacrificio y renuncia.

Cristo nació y murió pobre, humilde, en sacrificio vivo por nosotros, y en renuncia y negación total de su grandeza divina. Es por eso que, para conocer íntimamente a Cristo, no solamente hay que ir a la cruz. Nos es necesario volver al pesebre.

- Sin el pesebre, el camino a la cruz no tiene principio.
- Sin el pesebre, cualquiera podría argumentar que la cruz fue una casualidad.
- La cruz fue parte del plan. El pesebre también.
- Sin el pesebre no se entiende la cruz, porque el pesebre fue lo que le dio sentido a la cruz.
- Si Jesús se hizo grande en la cruz fue porque, en el pesebre, Él se hizo pequeño.

- Si Jesús se humilló subiendo a la cruz fue porque primero Él se humilló bajando al pesebre.
- Su muerte *"lo exaltó hasta lo sumo, y le dio un nombre que es sobre todo nombre"*, (Filipenses 2:9), pero su nacimiento lo redujo a nuestro tamaño, *"tomando forma de siervo"*. (Filipenses 2:7).

La vida cristiana, entonces, se resume en momentos felices y momentos tristes, donde la pobreza, la humildad, el sacrificio y la renuncia nos hacen parte del pesebre y la cruz de Cristo.

Esto también significa que podemos en Cristo alcanzar lugares celestiales, y ser hechos coherederos con Cristo. (Romanos 8:17). No obstante, para alcanzar el cielo y su hermosura, es necesario que primero nos humillemos a nivel del pesebre.

Nuestro camino a la vida eterna con Jesús por medio de su cruz comienza justamente en el mismo lugar donde comenzó su camino: En el pesebre.

2. En el pesebre y en la cruz de Cristo hay menosprecio por el Cristo del pesebre y de la cruz.

Muchos juzgan y condenan al mesonero por no dar lugar a José y a María esa noche en el mesón. Seamos razonables. Yo entiendo que este pobre hombre con mucho gusto los hubiera recibido. Nadie que se dedique a alquilar habitaciones rechazaría una oportunidad para hacer negocio. Desafortunadamente, tanto para José y María como para el mismo mesonero, el mesón estaba lleno. No había vacantes. "¡Qué pena que el lugar no hubiese sido más grande!", seguramente pensó este hombre.

Sin embargo, me parece que, aun con la mejor intención, este hombre se expuso inevitablemente a un riesgo del cual nosotros no podemos darnos el lujo. Hay encerrada en esta escena una lección que no debemos pasar por alto: Hay un grave peligro en no darle atención a las verdaderas prioridades de la vida.

El caso en cuestión era el de una mujer encinta, el cual debió recibir un trato especial. El pasaje de la Escritura no registra si, en efecto, este hombre agotó todos los medios para lograr que José y María pernoctaran esa noche en el mesón.

141

Debemos entender, por tanto, que si no aparece registrado este detalle de cortesía y amabilidad por parte del mesonero debe ser porque, en efecto, nunca lo tuvo.

Es precisamente en ese detalle que podemos percibir una importante lección para nuestra vida cristiana. Muchas veces las prioridades de la vida se ignoran o se postergan sin que nosotros tengamos el cuidado de, al menos, considerarlas.

- ¿No sucede acaso eso mismo con el verdadero significado de la Navidad?
- Para muchos la Navidad significa vacaciones, regalos, fiestas y parrandas. No se presta atención al verdadero significado de la Navidad.
- Se ha sustituido a Jesús por Santa Claus.
- Preferimos darle nuestro mejor espacio y nuestra mejor "vibra" a los amigos, el arreglo de la casa, el festejo, la Nochebuena y la despedida de año.
- Hay tiempo para otras cosas, pero no para recibir a Jesús. El mesón de nuestro corazón está lleno de tantas cosas que no hemos dejado un lugar para Cristo.

Desde luego, podemos argumentar que el mesonero desconocía que el niño en el vientre de María era el Cristo prometido.

Pero una cosa sí era cierta entonces, y es ciertísima en nuestros días. Yo pienso que muy posiblemente hayamos perdido, (al menos por el momento), al científico que descubriría la cura del SIDA por la acción o la inacción de alguna persona que por negligencia u omisión no prestaron auxilio o atención a una mujer embarazada.

Recordemos entonces que, en aquel tiempo, toda mujer que esperaba un hijo se consideraba bienaventurada porque, entre otras cosas, se entendía que de cualquiera de ellas se podía esperar que naciera el Mesías prometido. Por tanto, una mujer encinta era sinónimo de una promesa en cumplimiento.

¿Cómo fue posible, entonces, que el mesonero ignorara un asunto como este, siendo que todo Israel estaba en la espera de la aparición de su Salvador? De alguna manera, esta acción del mesonero demostró incredulidad a la promesa esperada por toda una nación.

Estoy seguro que si el mesonero hubiera preguntado amablemente a alguno de sus huéspedes esa noche si hubieran cedido su lugar para darle albergue a esta mujer embarazada, tal vez hubiese encontrado al menos uno de ellos que estuviese dispuesto a hacerlo.

Tal vez es una idea insólita y descabellada de mi parte el suponer que alguien, ante la realidad de que Belén estaba atestada de gente que venía de todas partes de Palestina a empadronarse por decreto de Augusto César, iba a arriesgarse a dormir en la calle por ceder su lugar en el mesón. (Desde luego, de que pudo haber ocurrido, pudo haber ocurrido).

Sin embargo, aunque usted no lo crea, esa no es la posibilidad que yo deseo destacar en esta escena. Lo que realmente pretendo destacar es que la oportunidad no debió ignorarse. El mesonero dejó pasar la oportunidad de albergar bajo su techo al mismísimo Dios y Salvador del mundo por no procurar diligentemente un espacio para una mujer encinta.

- ¿Cuántos hoy dejan pasar una oportunidad similar?
- ¿Cuántos hoy viven dándole mayor importancia a cosas efímeras, y no le dan prioridad a los asuntos eternos?
- ¿Cuántos viven dejando a Cristo para después?
- ¿Cuántos hoy viven pensando que la Navidad significa regalos que pueden recibir, en lugar de pensar que la Navidad comenzó con una entrega desinteresada?

Hoy muchos confunden el espíritu de la Navidad con el llamado *"christmas spirit"*. Sin embargo, el verdadero *"christmas spirit"* no es aquel que nos empuja a una desenfrenada carrera para llegar al centro comercial. No es aquel que quiere llevarnos al "corre y corre" de un Viernes Negro, o a la cita apresurada en el salón de belleza, o a la pomposidad de la fiesta de la compañía para la cual trabajamos, o a la grosura de una cena de Nochebuena.

El verdadero espíritu de la Navidad es aquel que nos lleva de regreso al pesebre. Es aquel que nos libera del pecado del orgullo materialista mediante la humildad del Dios Todopoderoso que descansa en un lecho de paja. Es cambiar el brillo de las luces, los adornos y las serpentinas por la luz de la Estrella de Belén que alumbró aquel humilde pesebre en aquella gloriosa noche. El pesebre no es el momento para aparentar o presumir de ser ricos. Es el momento para ser pobres, pero bienaventurados.

¿Significa esto que estaríamos equivocados al celebrar fiestas y compartir regalos en la época navideña? No lo creo. De hecho, pienso que la Navidad nos da motivos legítimos para regocijarnos. Es el momento en el que conmemoramos el nacimiento del Salvador del mundo. ¿No le parece maravilloso?

¿Qué es, entonces, lo que hace que la humildad, la renuncia, el sacrificio y la pobreza del pesebre y la cruz armonicen con la alegría, la celebración y los regalos de la Navidad? Lo único que hace posible esta armonía es, precisamente, aquello a lo que Jesús nunca renunció, tanto al nacer en un pesebre como a morir en la cruz. Esa es, precisamente, otra gran enseñanza para nuestra vida.

3. El pesebre y la cruz son los testigos mudos más elocuentes del amor de Dios.

Tanto en el pesebre como en la cruz Jesús careció de todo. Faltaron comodidades. Jesús renunció a la gloria, al poder y a las riquezas. Pero Cristo nunca renunció al amor. El amor fue su gran motivo. Fue su propósito. Fue su excusa. Fue su pretexto.

A Jesús le pudo haber faltado muchas cosas, pero nunca le faltó el amor. Jesús tuvo en María el amor más parecido al mismo amor de su Padre Celestial. Tuvo el amor de una madre. Jesús tuvo en José la protección de un padre, quien con manos callosas, pero firmes, amorosas y decididas, lo defendería valientemente. Un amor que no admite más explicaciones. Un amor desnudo. Tal y como nació. Tal y como murió.

Tal y como vivió, pues solamente el amor pudo ser el motivo para escoger la pobreza, la humildad, el servicio y la renuncia.

¿Cómo, pues, pagaremos nosotros un amor tan grande? Pienso que la respuesta es, precisamente, la misma que Jesús mismo nos demostró, tanto en el pesebre como en la cruz. Nuestra respuesta al amor de Dios es amando al Dios de amor.

El pesebre de Belén debe estar grabado en nuestras mentes, así como lo está la cruz en el Calvario de Jerusalén.

- Para conocer a Cristo es necesario ir al pesebre, así como es necesario ir a la cruz.
- Hay que ir tanto en invierno como en verano.
- Hay que ir tanto en Diciembre como en Abril.
- El pesebre nos convierte en los niños que heredaremos el Reino de los Cielos. La cruz es el momento de la muerte al pecado que nos conduce a la vida eterna.
- Recordar el pesebre es recordar la cruz.
- Recordar la cruz es recordar el pesebre.

El pesebre no es parte de una escena que solamente recordamos en la Navidad. Tanto el pesebre como la cruz son meditaciones de todos los días.

Son la mayor muestra del amor de Dios, tanto para chicos como para viejos. El mensaje del pesebre y de la cruz sigue siendo el mismo. Ambos con sangre. Ambos con lágrimas. Ambos llenos de esperanza.

El pesebre y la cruz son precisamente los símbolos que hacen que Jesucristo pueda ser el principio y el fin, el primero y el postrero. Su principio en el plan de salvación fue el pesebre. Su meta en ese mismo plan fue la cruz. Y en todo el camino, desde el pesebre hasta la cruz, el distintivo y la bandera fue siempre el mismo. Siempre fue el amor. Por amor nació en un pesebre. Por amor murió en una cruz.

Hoy Dios, al igual que al pintor de nuestra historia, también nos habla desde el pesebre con el mismo amor que nos habla desde la cruz. El pesebre y la cruz son el principio y el fin de un camino. Un camino que fue trazado para nosotros. Un Camino que no es, sino, el mismo Cristo.

Es por eso que Jesús se presenta a sí mismo como el camino. (Juan 14:6). Cristo mismo es el camino, pues solamente Cristo es lo único que está en medio del pesebre y la cruz. Lo único que hay entre los puntos de salida y llegada en el camino de la salvación, entre el pesebre y la cruz, es el mismo Cristo.

El pesebre fue un momento de gloria que los ángeles cantaron, y la redacción del tratado de paz para los hombres de buena voluntad. La cruz fue el momento de gloria de Aquel que nació en el pesebre, y la firma con la tinta de su sangre de ese mismo tratado de paz que confirmaba la buena voluntad de Dios para con los hombres.

Marchemos, pues, hasta la cruz, por el camino que es Cristo, pero no olvidemos que el punto de partida de ese camino es el pesebre...

EL CONTRASTE Y EL RETO DEL PESEBRE

Lectura: Lucas 2:1-7

Es muy cierto que nosotros no escogemos las circunstancias en las que nacemos. Sin embargo, esas circunstancias de nuestro nacimiento, crianza, infancia, juventud y desarrollo de nuestra vida no tienen por qué determinar la clase de persona que somos o que podemos llegar a ser. En el estudio de la conducta humana existe un postulado que indica que el ambiente influye en la personalidad y la conducta, pero no las determina definitivamente.

De hecho, todos conocemos personas que han nacido en cunas muy humildes, y han llegado a ser personas ilustres para sus comunidades y hasta para el mundo entero. Sus aportaciones en todas las áreas de la vida humana han sido capaces de cambiar la historia, inspirarnos con sus pensamientos y convertir el mundo en un lugar mejor.

Desafortunadamente, también conocemos a muchas otras personas que han nacido en cunas de oro, y sus vidas distan totalmente de la alcurnia que tanto presumen. Sus "vidas locas" son noticia en todos los ambientes sociales, y se han convertido en el dolor de cabeza de sus padres y sus familias.

En el caso de Jesús, aun cuando Él era el Hijo de Dios que venía al mundo, no ocurrió nada distinto. Ciertamente las circunstancias en las cuales nació Jesús no fueron las más óptimas, pero aun así, logró grandes cosas para nosotros. En ese sentido, la misma experiencia de nacimiento y desarrollo terrenal de Jesús nos enseña a ver las circunstancias de la vida desde una perspectiva o punto de vista positivo.

Por otro lado, el pesebre de Jesús representa un contraste y un desafío para nuestro pesebre. Ese contraste y reto que nos presenta el pesebre de Jesús podemos resumirlo en las siguientes enseñanzas:

1. Las circunstancias sociales en las que nacimos no determinan nuestro valor.

Yo pienso que esta fue, precisamente, la razón por la que Dios mismo escogió no entrar en este mundo en el seno de una familia acomodada.

La familia de Jesús no era una familia con poder político, ni eran comerciantes adinerados o prestigiosos. No eran tan siquiera del clan de los fariseos, escribas o pertenecientes al Sanedrín.

Jesús era de Nazaret, y según se comentaba, de Nazaret no podía salir nada bueno. (Juan 1:46). La estirpe social de Jesús era la clase trabajadora y humilde. Sin embargo, era evidente que esto no determinó la identidad de Jesús.

Era muy cierto que el Príncipe Celestial vestía ahora como un plebeyo, pero siempre pensaba como Príncipe, hablaba como Príncipe y se comportaba como Príncipe. La verdad era que, aun cuando no lucía como un Príncipe, nunca dejó de serlo. Aun cuando no lo pareciera, o los demás no lo reconocieran por su apariencia, Jesús seguía siendo el Dios Todopoderoso, el Hijo del Altísimo, el Rey de los reyes.

La enseñanza para nosotros en ese sentido es simple. Tal vez no tengamos títulos de nobleza, una abultada cuenta bancaria, un cargo político importante, varios autos lujosos o una casa como un palacio. Para Dios no valemos por lo que tenemos. Para Dios valemos por lo que somos. Para Dios somos importantes porque, si hemos recibido a Cristo como nuestro Señor y Salvador, somos igualmente sus hijos. Hemos sido creados por Dios como "hechura suya". (Efesios 2:10).

La palabra griega para esta expresión de Dios es *poiema*, que significa "obra de arte".

Y, ciertamente, una obra de arte creada por el Máximo Creador del Universo tiene que tener, sin duda, un valor incalculable.

Las circunstancias en las que nacimos, o las posesiones que tenemos no deben determinar, ni hacernos creer o pensar, si tenemos valor alguno. Ninguna de ellas debe determinar nuestra identidad. Jesús no dejó de ser Dios por haber nacido en un pesebre. Tú tampoco dejas de ser un hijo de Dios y príncipe del cielo por las circunstancias de tu nacimiento.

2. **Las circunstancias adversas no siempre indican que estamos caminando fuera de la voluntad de Dios.**

No descartamos la posibilidad de que algunas de nuestras situaciones difíciles en la vida reflejan cuán apartados estamos de la voluntad de Dios, pero ciertamente no podemos generalizar. La experiencia del nacimiento de Jesús en el pesebre puede enseñarnos algo en ese sentido.

Tanto a Jesús como a sus padres no les tocó una circunstancia fácil o agradable. José y María no tuvieron otra elección que tener a su hijo en un lugar maloliente, feo, desordenado y de lo más antihigiénico.

No tuvieron las facilidades o comodidades de una sala de partos, o por lo menos las de una sala de emergencias asistida por enfermeros con las manos limpias. Como si esto fuera poco, tuvieron que salir huyendo a Egipto inmediatamente, pues el Niño era buscado por Herodes para matarlo.

¿Significaba esto que ellos estaban fuera de la voluntad de Dios? Por supuesto que no. Sin embargo, sucede que en muchas ocasiones nosotros pensamos que las circunstancias adversas o negativas en nuestra vida significan que estamos fuera de la voluntad de Dios. Por lo mismo, cuando vemos a muchas personas atravesando por dificultades y tribulaciones inmediatamente se lo adjudicamos a su propia terquedad, a pecados no confesados o a que están actuando fuera de la voluntad de Dios.

¡Qué facilidad tenemos para adjudicar culpas, o para juzgar por las apariencias! ¿Ha escuchado usted comentarios como éstos?

- "Si en verdad ese hermano estuviera haciendo las cosas como Dios manda, no estaría pasando las pruebas que está pasando".
- "A mi me parece que las pruebas que esa hermana está atravesando con su esposo es porque no está haciendo la voluntad de Dios".

- "Si de verdad Dios estuviera en esa iglesia, estaría llena a reventar, y nadie se iría de ella".
- "Si de verdad ese pastor estuviera lleno del poder de Dios, hablaría muchas lenguas y todas las personas por las que orara se sanarían".
- "No puede estar triste un corazón que tiene a Cristo".
- "Ese hermano está muy triste, arrinconado en una esquina. Algo oculta. Ese gallo que no canta, algo tiene en la garganta".

Consideremos por un momento el caso de Esteban. Esteban fue el primer mártir de la era cristiana, y todo por predicar el evangelio. El registro de su ministerio se limitó a una sola predicación. Estoy seguro que no faltó quien comentara lo siguiente ante esta desgracia: "Si Dios hubiera estado con Esteban no lo hubieran apedreado. Se hubiera muerto de viejito".

Consideremos también todos aquellos misioneros a través de la historia, y actualmente en Corea del Norte, que por hacer la voluntad de Dios y predicar Su Palabra son torturados, encarcelados y muertos.

Es cierto que en ocasiones nuestras tribulaciones son producto de nuestro pecado de soberbia, desobediencia o por forcejear en contra de la voluntad de Dios, pero generalizar en el sentido de que todas las dificultades son evidencia de que estamos fuera de la voluntad de Dios es un error garrafal.

Muchas veces atravesaremos circunstancias difíciles precisamente por hacer la voluntad de Dios. Decir la verdad, denunciar el pecado o no comportarnos como lo hacen los demás puede traernos problemas.

Por tanto, si sabemos que estamos haciendo la voluntad de Dios, si en nuestro corazón está la certeza de nuestra convicción, y si el mismo Espíritu Santo ha dado testimonio cierto a nuestro espíritu de su propósito, debemos seguir adelante, aunque la vida se ponga en nuestra contra.

No todo será fácil. Hemos vivido momentos de dificultad, nos hemos enfermado, los recursos han escaseado, han habido intentos en los que hemos fracasado y algunos nos han declarado la guerra. No obstante, si hoy permanecemos de pie debe ser porque seguramente algo estábamos haciendo bien, y todo esto era, entonces, parte del plan.

Si hoy estamos en victoria es porque el camino era el correcto, aun con todos sus tropiezos.

3. Las circunstancias de nuestro nacimiento no determinan el impacto que habremos de tener en el mundo.

De más está decir que el impacto de Jesús en el mundo fue y sigue siendo tremendo y determinante.

- Sanó, y sigue sanando a los enfermos.
- Salvó, y sigue salvando a los pecadores.
- Dividió la historia en dos. (Los tiempos se conocen como aquellos antes y después de Cristo).
- Jesús es el personaje más famoso de todos los tiempos.
- Sus enseñanzas fueron, y todavía son, las más estudiadas, acertadas y citadas.

Hoy muchos limitan el impacto o la aportación con la que pudieran contribuir a quienes les rodean alegando ser "de los de abajo". Otros utilizan el no tener un apellido reconocido, o no haber nacido en otro lugar, o no tener unos padres adinerados, o no tener unos buenos "contactos", o sencillamente no haber ganado el premio gordo de la lotería como una excusa por la que no han causado un gran impacto en sus familias o comunidades. Se resignan a su pobreza y escasez presente para no avanzar ni aspirar a una vida mejor.

- No pudimos escoger las circunstancias de nuestro nacimiento, pero eso no debe limitar el impacto que Dios quiere que dejemos en el mundo con nuestra honestidad, nuestro testimonio, nuestro mensaje y nuestro trabajo por nuestras familias y nuestra comunidad.
- No pudimos escoger la familia en la que nacimos, pero sí podemos escoger la clase de familia que le daremos a nuestros hijos.
- No pudimos escoger la sociedad o el ambiente en el que nacimos, pero sí podemos escoger el ambiente en el que queremos seguir viviendo.

Hoy nosotros podemos impactar este mundo, porque nuestro impacto o aportación al mundo no depende de cómo llegamos, sino de lo que hacemos desde que llegamos.

Nuestro impacto o aportación al mundo no está determinado por el punto de salida, sino por la meta que nos tracemos.

Dios no nos llama para cambiar al mundo pensando en lo que fuimos, o de dónde venimos, sino en lo que somos cuando Él está con nosotros.

4. Las circunstancias sencillas y humildes que rodean nuestras vidas no opacan ni limitan lo grande de nuestra misión.

Jesús vino al mundo como un ser humano común y corriente. Fue necesario alimentarlo mientras era un niño. La Biblia registra que vivió sujeto a sus padres terrenales, tal y como todos los demás. (Lucas 2:51). Sin embargo, su condición de hombre no minimizó la misión que venía a cumplir. Ese Niñito que nació en un pesebre de Belén vino con la misión más importante que un hombre haya recibido jamás: Salvar al mundo del pecado y de la muerte.

¿Sabes tú que no has sido creado por casualidad? ¿Sabes que no eres un accidente cósmico del destino? ¿Te has puesto ha pensar en cuál es la misión con la que viniste a este mundo?

Unos han nacido para ser profesionales prominentes, políticos importantes o deportistas destacados. Otros, con absoluto orgullo y honra, han nacido para ser amas de casa sacrificadas y valientes, predicadores, obreros de la construcción, servidores públicos, padres y madres que marcan las vidas de sus hijos o cristianos ejemplares, dignos de ser imitados por todos.

Es posible que por tus limitaciones sociales pienses que no puedes alcanzar a cumplir tu misión. ¿No será acaso que estás confundiendo la misión que se te ha asignado? ¿Piensas que tu misión no es importante porque no es la misión que hubieras querido? Es hora de que sepamos de una buena vez que, no importa lo que seamos o lo que no seamos, tú y yo tenemos una misión que cumplir.

- ¿Eres hijo o hija? ¿No te parece una excelente misión para tu vida honrar a tus padres con acciones dignas de un buen ciudadano?
- ¿Eres padre o madre? ¿No te parece una gran misión servir de ejemplo a tus hijos en conducta, testimonio y ejemplo? ¿No te parece una excelente misión poder levantar a tus hijos en el temor de Dios? El cambio que nuestra sociedad espera comienza en casa. Por tanto, el poder para cambiar el mundo está en tus manos. ¿No te parece esto grandioso?
- ¿No eres una persona preparada académicamente? ¿Qué te parece poder decirle al mundo que tus limitaciones educativas no te han impedido experimentar el poder y el amor de Dios en tu vida?

El Apóstol Pablo exhortaba a su hijo espiritual Timoteo a que ninguno tuviera en poco su juventud. (1 Timoteo 4:12). La exhortación de Pablo apuntaba a Timoteo a que por ninguna razón permitiera que su juventud fuera una limitación para el desarrollo de su ministerio y de su misión. Ahora bien, esa exhortación también apuntaba hacia lo que era necesario que Timoteo hiciera para no estancarse en la limitación que pudiera representar su juventud. El apóstol aconseja a Timoteo a que fuera ejemplo de los creyentes en palabra, conducta, amor, espíritu, fe y pureza.

Tal vez nos consideramos pequeños, pero debemos tener en cuenta que nuestra misión nos hace grandes. Nuestro tamaño no lo determina nuestra circunstancia. Lo determina el propósito de Dios. No debemos, entonces, quedarnos a la medida del pesebre. Debemos crecer a la medida de un varón perfecto, *"a la medida de la estatura de la plenitud de Cristo"*. (Efesios 4:13).

Somos importantes porque Dios nos ha encomendado una misión. Su misión. Por tanto, le servimos al Rey de reyes y Señor de señores. Somos funcionarios de la Corte Celestial. Somos representantes autorizados de Dios en la Tierra.

Nos ha sido conferido el poder del Espíritu Santo para realizar una Gran Comisión.

No es momento de quedarnos al nivel de nuestras pequeñas circunstancias, sino de subir al nivel de nuestra encomienda. El nacimiento de Jesús en un lugar humilde no determinó su identidad, no fue impedimento para que cumpliera su misión, y no pudo detener el impacto que causó y que sigue causando en el mundo.

No podemos separar la Navidad de la Semana Santa. Jesús nació para morir en la cruz. Por lo tanto, Él sabía que su misión no estaba destinada a quedarse del tamaño del pesebre. Su misión era más elevada. Su misión estaba tan alta como la cruz.

No fue en el pesebre donde Cristo cumplió su misión. Su encomienda fue cumplida cuando desde lo alto de la cruz pudo decir de una vez y por todas: "Consumado es". "Lo hice". "Lo logré". "Misión cumplida".

Puede que las circunstancias de tu vida no hayan sido las mejores, sin embargo hay un Dios que te creó, que en medio de las dificultades te levanta para que le sirvas y para que así como Él diera su vida por ti, hoy tú des la tuya por Él.

Eres valioso para Dios, tienes una gran misión, y aun en momentos de circunstancias adversas, estás llamado por Dios a dejar una huella en este mundo y a hacer tu aportación en el reino de Dios.

Aceptemos el reto del pesebre. El contraste del pesebre debe ser para nosotros un desafío y un reto para vencer. Es una invitación para no quedarnos en nuestra circunstancia adversa, sino para sobreponernos a las mismas con la ayuda de Aquel que, en circunstancias similares o peores a las nuestras, hizo lo mismo.

Jesús fue y sigue siendo nuestro ejemplo. Él dejó sus huellas imborrables en la historia para que nosotros no perdiéramos el camino. Por tanto, no nos perderemos si seguimos sus pisadas. Pero también recordemos que el reto del pesebre nos obliga a dejar huellas en el camino que otros detrás de nosotros también seguirán.

Esa es nuestra misión. Salgamos del pesebre, y vayamos a cumplirla...

CANTATA DE NAVIDAD

Lectura: Lucas 1:67-80

La Navidad es tiempo de celebración. De encuentro. Es tiempo de volver a casa. De volver a ser niños. Es tiempo de dar gracias, pues se acerca el final de otro año. Es tiempo de recordación, de nostalgia y de reflexión.

La Navidad es espíritu de vida y vida en el Espíritu. Tal vez por eso se habla tanto del "Christmas Spirit", o el Espíritu de la Navidad, porque la Navidad influye e imparte emoción y vida a nuestro espíritu. La llegada de la Navidad cambia el semblante de la gente, bien sea de alegría por los festejos, o de tristeza y melancolía por los recuerdos.

Para celebrar la Navidad no hay nada mejor que celebrarla con el mismo espíritu de vida con el que llegó a nosotros, y nada sería más apropiado para celebrar la Navidad que considerar el mismo espíritu con el que los primeros testigos de la Navidad la recibieron. Entre esos primeros testigos de la Navidad se encuentra Zacarías.

En este pasaje que hemos considerado encontramos uno de los primeros himnos de gratitud al Señor por el advenimiento del Hijo de Dios para salvarnos.

El Benedictus de Zacarías, como se le conoce a este pasaje, se convierte en una declaración. Se convierte en un testimonio. Es el resumen más genuino y auténtico del propósito de la Navidad.

Un detalle particular de este cántico es que entre sus líneas se encierran ciertamente los más preciados regalos que la Navidad pueda ofrecernos. Y, como todos sabemos, una de las mayores alegrías de la Navidad es la de ¡abrir regalos!

Por tanto, quiero por medio de esta reflexión invitarle a que rompamos envolturas de regalos, y que juntos descubramos cuáles pudieran ser algunos de esos regalos que el Benedictus de Zacarías contiene para nosotros.

Estos regalos no son solamente para la Navidad, sino que son regalos útiles y muy preciados para todo el año y para toda la vida.

1. Salvación.

La salvación es el primer y más importante regalo de la Navidad. Es el regalo alrededor del cual giran todos los demás dones y regalos de Dios. La salvación representa el motivo principal para la Venida de Jesús a este mundo.

Cabe la posibilidad de que en el mundo no gocemos de muchos privilegios, que no recibamos muchos regalos, incluso que hasta tengamos necesidad de las cosas básicas para la vida. Sin embargo, aun cuando suframos necesidades de todo tipo, no hay una mayor necesidad para el ser humano que la salvación.

De alguna forma ese es el pensamiento de Jesús cuando nos invita a reflexionar acerca de la inutilidad para el hombre de tener todas las cosas materiales y carecer de la salvación de su alma. Marcos 8:36 nos dice: *"Porque ¿qué aprovechará al hombre si ganare todo el mundo, y perdiere su alma?"*. (RVR60). ¿De qué vale que el hombre tenga todo y no tenga salvación?

Lucas 1:77 implica que el nacimiento de Jesús significaba la llegada de la salvación al mundo, y que la misión de Juan el Bautista, el hijo nacido a Zacarías y Elisabet, era dar conocimiento al mundo de esa noticia.

Note cómo la salvación es, precisamente, la esencia de la Navidad. La salvación es justamente el regalo que todos necesitamos, y es precisamente el regalo que todos podemos y debemos compartir. La salvación, entonces, debe ser comunicada a todo el mundo, porque de otra manera nadie se entera que el regalo ha llegado.

En ese sentido, la tarea de Juan el Bautista es también nuestra tarea. Debemos comunicarle al mundo que el regalo de la salvación ha llegado. La Navidad es Cristo, y Cristo es la salvación, por tanto, la Navidad es salvación.

2. Perdón.

El regalo del perdón tiene la particularidad de que se consigue por medio de aceptar el primer regalo de la salvación.

El mundo vivía en la necesidad de reconciliarse con Dios. Es por eso que la Navidad es importante. Cristo vino a abrir la puerta a la reconciliación con el Padre eliminando la causa de la separación. Eliminado el pecado por medio del perdón, se restablece la comunión con Dios.

Ese es, precisamente, el mensaje del evangelio y de la Navidad.

- Es el regreso del hijo a la casa.
- Es el reencuentro de todos los que se habían alejado y apartado.
- Es la ocasión de volver a ser niños, sin pecado ni maldad, de los cuales es el Reino de los Cielos.
- Es la celebración por haber regresado al camino de vuelta al hogar y a los nuestros.

El perdón de Dios no consiste solamente en el saldo de un balance adeudado. Consiste en estar en paz nuevamente con Nuestro Padre. Con Aquel a quien habíamos ofendido. El asunto no queda meramente en una restitución. Se convierte en una restauración. El Apóstol Pablo lo describe maravillosamente en Romanos 5:1, cuando nos dice:

"Justificados, pues, por la fe, tenemos paz para con Dios por medio de Nuestro Señor Jesucristo". (RVR60).

El perdón de Dios trae paz y alegría a nuestros corazones. Esa es, precisamente, parte de la esencia de la Navidad.

3. Luz.

Un detalle característico de la Navidad son las luces. La Navidad es momento de adornar con luces vistosas que inspiran felicidad. De igual manera la luz del mundo, Jesucristo, (Juan 8:12), encendió los corazones de aquellos que vivían en oscuridad.

Tal y como narra Mateo 4:16:

"El pueblo asentado en tinieblas vio gran luz; Y a los asentados en región de sombra de muerte, Luz les resplandeció". (RVR60).

La salvación no solamente trae consigo el perdón de nuestros pecados, sino que también alumbra el camino hacia una nueva experiencia de vida.

- Cristo es la luz que dirige nuestros pasos.
- Ahora vemos por donde caminamos.
- Las tinieblas del mundo ya no nos aterrorizan.
- La luz de Dios nos dice que las circunstancias oscuras que a veces llegan a nuestra vida no son el fin del camino.
- Gracias a la luz de Cristo sentimos que nuestra vida ahora experimenta una nueva esperanza.

Es por medio de la luz que se produce nuestro siguiente regalo.

4. Paz.

Cuando estamos en paz, ya no hay temor. Nos sentimos seguros. La paz es el resultado lógico e inevitable de todo aquel que vive en la luz, de todo aquel que vive en paz porque su pecado ha sido perdonado, y porque ha recibido la salvación en Cristo, aceptando y reconociendo en su vida la necesidad del Cristo de la salvación.

La paz es un resultado, no es precisamente una motivación para celebrar la Navidad.

No es una motivación para celebrar la Navidad porque muchos hoy celebran la Navidad, sin embargo no están en paz porque no han recibido la salvación por medio de Cristo, sus pecados no han sido perdonados y viven en oscuridad y en las tinieblas del mundo. No tienen la paz de la Navidad porque no han recibido los primeros tres regalos que la Navidad les ofrece.

Nadie se llame a engaño.

- La paz de Dios únicamente es posible si estamos en paz con el Dios de paz.
- No es posible celebrar la Navidad con su verdadero sentido si no hemos recibido los regalos anteriores.
- La paz de Dios solamente llega al corazón del hombre si Cristo ha nacido en el corazón.
- La Navidad solamente es Navidad cuando Cristo llega.

Esto no significa, sin embargo, que no se presentarán en nuestra vida situaciones que intenten perturbar nuestra paz. No obstante, como hemos indicado, la paz no es una motivación. No es ni tan siquiera un sentimiento que puede estar sujeto a un cambio de ánimo. La paz es un resultado.

Por tanto, si el Cristo de nuestra salvación permanece en nosotros, y si nosotros permanecemos en la salvación que Cristo nos regala, podremos estar en paz, aun cuando nuestro alrededor esté en crisis.

Nuestra paz no depende de las circunstancias, sino del Dios que nos sostiene en toda circunstancia. El Dios quien mediante la esencia de la Navidad, esto es, la salvación, el perdón y la luz, nos puede mantener en paz.

Finalmente quiero considerar otro importante regalo de la Navidad. El pasaje del Benedictus de Zacarías no lo menciona directamente, sin embargo, este regalo es la razón por la cual este mensaje pudo ser proclamado, y hoy llega hasta nosotros.

5. Voz.

Para considerar este último regalo es necesario recordar los acontecimientos que precedieron a este cántico de gratitud de Zacarías.

Zacarías era sacerdote en Judea. Él y su esposa, Elisabet, eran de edad avanzada. No habían tenido hijos, pues Elisabet era estéril. No obstante, ambos eran reconocidos en el pueblo como personas muy piadosas y justas delante de Dios.

Un día Zacarías estaba en el santuario cuando el arcángel Gabriel se le apareció. Gabriel le comunicó el mensaje de parte de Dios de que su mujer daría a luz a un niño, y que éste sería un gran siervo de Dios. El niño, quien se llamaría Juan, había sido escogido como profeta de Dios para preparar el camino para la llegada del Mesías.

Zacarías tuvo miedo y le preguntó al ángel cómo sería posible esto, pues tanto él como su mujer eran ya muy ancianos. Gabriel le respondió que por no haber creído al mensaje permanecería mudo hasta el día en que el niño naciera.

Cuando el bebé nació hubo una polémica a causa del nombre escogido para el niño. Cuestionaron a Zacarías por el nombre de "Juan", siendo que no era la costumbre ponerles a los niños un nombre que no figurara en la parentela.

Sin embargo, Zacarías tomó una tablilla y escribió "Juan es su nombre", afirmando de esa manera que había creído al mensaje de Dios. Inmediatamente le fue devuelta la voz. Entonces Zacarías, lleno del Espíritu Santo, profetizó todo lo que está contenido en el Benedictus.

¿Qué pudiera significar esto, en término de los regalos contenidos en este cántico profético?

Significa que, al igual que Zacarías,

- Hoy nosotros hemos recibido el milagro de Dios en nuestra vida.
- Hoy también recibimos de parte de Dios la voz para proclamar las buenas noticias del evangelio.
- Hoy también nosotros hemos recibido la voz para testificar a otros que para ellos también son los regalos de la Navidad.
- Hoy nosotros hemos recibido voz para anunciar a otros que la Navidad ha llegado.

Gracias al regalo de la voz, hoy podemos decirle al mundo que en el Cristo de la Navidad hay salvación, hay perdón de pecados, que Cristo es la luz que necesitamos para iluminar nuestro camino, y que por todo eso el mundo hoy puede estar en paz con Dios.

Hoy proclamamos el mensaje del evangelio. ¿Lo recibes? Hoy tienes voz para anunciar a otros que para ellos también hay regalos de Navidad. ¿Lo anunciarás? El Benedictus es un cántico. Es la cantata de Navidad que testifica a Cristo, la salvación, el perdón, la luz y la paz. ¿Lo cantarás?

La Navidad es Cristo, y Cristo es la Navidad. Cristo es salvación, perdón, luz y paz.

- En Cristo hay salvación, pues solo Él es el Único Mediador entre Dios y los hombres. (1 Timoteo 2:5).

- En Cristo hay perdón, pues Él es *"el Cordero de Dios que quita el pecado del mundo"*. (Juan 1:29).

- Cristo es la luz del mundo, (Juan 8:12).

- Solo Cristo, por medio de estos maravillosos regalos, puede darnos la paz que el mundo no puede darnos. (Juan 14:27).

Testifiquemos a otros que llegó la Navidad. Digámoslo con la voz que nos ha sido dada.

Para eso es la voz...

176

EL CÍRCULO CERRADO

Lectura: Lucas 2:8-20

Un matrimonio de misioneros puertorriqueños visitó en una ocasión una humilde aldea en Corea del Sur. El tiempo de su visita coincidió con el periodo navideño, por lo que llevaron entre su equipaje un juego de figuras de porcelana cuyas piezas conformaban la estampa del nacimiento de Jesús.

Ya en Corea del Sur, fueron recibidos por el grupo de la iglesia local que les auspiciaba en su estadía. Inmediatamente desempacaron todo, y la esposa no perdió tiempo en acomodar su estampa del nacimiento con las figuras de porcelana.

Colocó a José y a María a un lado de la figura del Niño, detrás colocó la figura del ángel, y así por el estilo fue acomodando todas las demás piezas en la forma tradicional que usualmente se acomoda este tipo de arreglo decorativo.

Días después, una hermana de la congregación les asistió en labores de limpieza en el apartamento que ocupaban. Cuando esta hermana se fue, la misionera notó que el arreglo decorativo de su estampa del nacimiento había sido cambiado totalmente.

La hermana colocó a todos los personajes en un círculo cerrado alrededor de la figura del Niño Jesús, al cual había colocado en el centro. La misionera arregló nuevamente la estampa a la forma tradicional, pensando que la hermanita la había acomodado de aquella otra manera mientras removía el polvo de la mesa.

Más tarde esa misma semana, los misioneros salieron al mercado por unas provisiones y la hermanita de la congregación se ofreció nuevamente a realizar labores de limpieza en el apartamento, y a preparar el almuerzo mientras ellos iban y venían de hacer sus compras. Una vez la hermanita se retiró, la misionera notó que nuevamente su arreglo navideño había sido cambiado.

Una vez más Jesús estaba en el centro y todas las demás figuras estaban alrededor colocadas en un círculo cerrado. Entonces, una vez más la misionera colocó las piezas como ella las había colocado originalmente.

A la semana siguiente, la hermanita de la congregación ayudaba a los misioneros en el apartamento a colocar unas cortinas en las ventanas. En algún momento, mientras acomodaban los muebles luego de colocar las cortinas, la misionera notó que su arreglo navideño había sido cambiado nuevamente.

Una vez más todas las figuras estaban acomodadas en un círculo cerrado alrededor de la figura de Jesús. Un tanto molesta, la misionera le preguntó a la hermana de la iglesia si ella había cambiado las figuras de posición, a lo que la hermanita le contestó en la afirmativa. La misionera respiró profundo, y luego le preguntó a la hermana que la ayudaba por qué había hecho esto. La hermana le contestó lo siguiente con una sonrisa en su rostro:

- Verá, hermana, es que me di cuenta que las figuras estaban mal acomodadas. Ustedes nos han enseñado que Jesús debe ser el centro de nuestra vida, así que acomodé a todos los personajes alrededor de Jesús, porque Jesús es el personaje principal de esta estampa.

La misionera se quedó sorprendida. No podía refutar la lógica simple y sencilla con la que esta hermanita le explicaba sus razones para el ajuste en la colocación del nacimiento.

"Vea, hermana, - continuó ella - el establo representa nuestro corazón. Nuestro corazón estaba igualmente sucio y maloliente cuando Cristo llegó a nuestra vida. La luz de la estrella iluminó nuestra vida y la llenó de gozo".

"José y María representan lo que somos, siervos escogidos para traer al mundo al Salvador de las almas. Los pastores y los magos representan los dos extremos de nuestras realidades en la vida. Unos representan nuestras limitaciones, nuestra pobreza y nuestro temor, mientras que los otros representan nuestras fortalezas, nuestros talentos y los recursos con los que contamos".

"Los animales representan las circunstancias de la vida, las cuales no siempre son las más agradables o entre las que quisiéramos estar, pero el ángel nos dice que, a pesar de todo, la presencia de Dios siempre estará con nosotros. El ángel es quien nos da las noticias de gran gozo. Nos anuncia que el gozo del Señor está con nosotros y nos fortalece a pesar de todas las cosas, siempre y cuando Jesús sea el centro de nuestra vida".

Ya en este punto de la conversación, la misionera se limitaba a mirar detenidamente la nueva conformación de la estampa navideña, al tiempo que dos gruesas lágrimas rodaban por sus mejillas. Entonces la misionera le dijo a esta hermana:

- Gracias, hermana mía, por enseñarme la forma correcta de acomodar mi estampa de Navidad. De ahora en adelante así será que la acomode siempre...

Si algo debemos aprender de esta ilustración es lo siguiente:

- Cristo debe ser el centro de nuestra Navidad y nuestra vida. Ningún otro personaje, ninguna otra circunstancia ni ninguna otra cosa debe representar nuestra Navidad. Cristo es el motivo, la razón y el centro de nuestra vida.

- La luz del mundo, Cristo el Señor, no miró nuestra insuficiencia, lo insignificante y lo poco que éramos, cubiertos del polvo y la inmundicia de nuestro pecado, y un día llegó a nuestro sucio y destartalado corazón para llenarlo de significado, de alegría, de su luz y de su presencia.

- El nacimiento de Jesús en nuestro corazón acapara y transforma nuestras debilidades, temores y nuestra pobreza, dándonos por medio del mensaje del ángel la esperanza en Cristo de que, a pesar de esas debilidades, temores y pobreza, no tenemos que temer, porque *"he aquí os doy nuevas de gran gozo, que será para todo el pueblo: que os ha nacido hoy, en la ciudad de David, un Salvador, que es CRISTO el Señor".* (Lucas 2:10-11). (RVR60).

- Nuestras fortalezas y talentos, por otra parte, deben convertirse en ofrendas agradables delante de Dios.

181

- Ofrendar nuestras capacidades, riquezas y habilidades a Dios debe ser un acto de reconocimiento, humillación y obediencia ante el Dios Todopoderoso que hoy nos concede tener todo lo que tenemos.
- Las circunstancias de nuestra vida no son limitaciones para Dios, pues a pesar de nuestra situación particular, Cristo puede nacer en nuestros corazones. Como dice Lucas 1:37, *"porque no hay nada imposible para Dios"*. (RVR60).

Ahora bien, hay un detalle que llama poderosamente mi atención. Según nuestra ilustración, la hermanita de la congregación colocaba las figuras alrededor de la figura del Niño Jesús en un círculo cerrado. Esto me hace pensar en que había una intención clara de esta hermana, y que hoy encierra una poderosa enseñanza para nosotros: Nada de nuestra vida debe quedar alejado de Dios.

Toda la estampa de nuestra vida debe estar delante de Jesús sin reservas, totalmente, en un círculo cerrado, de la manera más cercana e íntima posible, y con toda la intención de que Cristo sea el centro de ese círculo.

Hoy nosotros tenemos la oportunidad delante de Dios de colocar nuestra estampa de Navidad. ¿Cómo lo haremos?

- ¿Acaso podrás ocultarle a Jesús alguna realidad o circunstancia de tu vida?
- ¿Acaso crees que el arreglo o montaje de la estampa de tu vida está colocada correctamente tal y como la tienes ahora, o crees que necesitas reacomodarla a la manera de Dios?
- ¿No crees que ya es tiempo de que Cristo ocupe el centro de tu corazón?
- ¿Cuándo será que nos presentaremos ante Dios sin reservas, tal como somos y con todo lo que tenemos?
- ¿Será que el círculo de tu vida aún no está totalmente cerrado en Cristo?
- ¿Qué parte de tu vida aún no es parte del círculo cerrado donde está Jesús?
- ¿Quieres cerrar completamente ese círculo ahora?

No tiene que ser Navidad. Hoy es un buen día...

LUZ Y CANCIÓN

Lectura: Lucas 2:8-11

Era la Nochebuena de 1942, y un buque de guerra norteamericano atravesaba el Mar Adriático, con la intención de desembarcar al norte de Italia, en una misión de invasión dirigida al sur de Alemania. Durante dos largas semanas este buque se movió por la zona del Mar Mediterráneo sin ninguna luz encendida, totalmente a oscuras, procurando no ser vistos por los barcos alemanes enemigos que pudieran estar cerca de ellos.

Un joven soldado caminaba esa noche por la proa del barco haciendo su ronda de vigilancia. Tenía frío, un poco de hambre y mucho temor. Esta era su primera Navidad lejos de casa, y tal vez para él, como para muchos de sus compañeros, esta podía ser posiblemente la última, por lo que también sentía nostalgia y tristeza.

La inteligencia militar del barco advirtió la presencia de un submarino enemigo, por lo que tuvieron que desviarse hacia el sur, camino de un día, buscando aguas menos profundas y así mantenerse alejado del alcance del submarino.

Navegaban frente a una ciudad costera de San Marino, en Italia, cuando de momento, de algún lugar del barco se escuchó una voz gritando: "¡Miren, luces a estribor!". Al mirar, los tripulantes de la embarcación observaron luces de Navidad encendidas en el pueblo, las cuales, a medida que se acercaban, estaban acompañadas por las voces de la gente que cantaban villancicos navideños a través de los altavoces de la villa.

Sesenta años después todavía esta imagen provocaba lágrimas en los ojos de este soldado. Ya anciano, recordaba la alegría que sintió al ver las luces y escuchar los cánticos. Las luces y las canciones lo llevaron de vuelta a su hogar por un breve instante.

Daba gracias a Dios porque a partir de ese momento comprendió el verdadero significado de la vida. Recordaba también con tristeza a los amigos que no regresaron a casa, para quienes esa Navidad fue, en efecto, su última Navidad.

Pero, más que nada, en la pequeña iglesia de su pueblo natal donde contaba una vez más su testimonio, este soldado dio gracias a Dios por salvarlo de la oscuridad eterna. Esa noche la Navidad se convirtió para él en luz y canción.

Si algo hemos sabido acerca de la Navidad es que una de sus características particulares son las luces. Pero además, otra de las características especiales de la Navidad son los villancicos. Entonces, esta ilustración nos recuerda dos elementos esenciales de la Navidad: Luz y canción.

Repasemos brevemente la historia. En el tiempo que nació Jesús los judíos celebraban el Janucá, llamada también "la fiesta de las luminarias". Durante ocho días se colocaban en las ventanas de las casas unos candelabros de ocho brazos llamado *"hanukía"*, en recordación al milagro del aceite que duró ocho días sin agotarse en la celebración de los judíos por la reconquista del Templo de Salomón en el siglo II antes de Cristo, de manos del Imperio Griego, por un grupo de guerreros sacerdotales judíos llamados los Macabeos.

Cuenta la tradición que cuando los Macabeos se disponían a dedicar nuevamente el templo a Dios una vez lo recuperaron, no encontraron sino una pequeña porción de aceite puro para encender el candelabro sagrado. El milagro del aceite consistió en que la pequeña porción encontrada duró ocho días, el tiempo justo para preparar más aceite.

No puedo evitar pensar en que los pastores que cuidaban sus ovejas, aquella primera noche de Navidad, muy posiblemente se sentían como aquellos soldados en aquel buque de guerra. Ellos también estaban alejados de las luces de la celebración del pueblo.

Por razón de su trabajo, estos pastores, al igual que los soldados del barco, permanecían en la oscuridad de la noche para no ser vistos por sus enemigos, los ladrones y las fieras salvajes. Ellos, al igual que los soldados del barco, estaban lejos de sus casas, tal vez hambrientos, con frío, posiblemente nostálgicos por no estar con los suyos, y seguramente con mucho temor.

Fue, entonces, que una chispa de vida iluminó sus ojos. En ese preciso momento una luz les rodeó. Inmediatamente, y para que no sintieran temor, la voz de un ángel trajo a ellos un mensaje que sonó como un cántico a sus oídos. Fueron testigos de lo mismo que presenció y sintió aquel soldado en la proa del barco de guerra. Ellos fueron testigos de una luz y una canción.

- Luz y canción que le anunciaban la buena noticia de la Navidad.
- Luz y canción que le anunciaron vida en medio de la muerte.

- Luz en medio de la oscuridad. Canción en medio del silencio.
- Navidad en medio de la guerra. Paz en medio del temor.

Esta es también la manera en la que nosotros podemos interpretar nuestra Navidad.

- Nosotros también estuvimos en la más oscura penumbra.
- Estuvimos alejados del hogar, de los nuestros y de Dios.
- Tuvimos hambre, frío, tristeza y temor.
- Estuvimos rodeados de enemigos, de sombras y de muerte.
- En nuestra vida no había una luz que nos diera una esperanza de vida.
- En nuestra vida no había una canción que alegrara nuestro espíritu y nos hicieran sentir vivos.
- Pero un día llegó la luz. Un día llegó la canción. Un día llegó Cristo, y ese día que llegó Cristo, llegó la Navidad a nosotros.

Yo sé que hoy, para muchos como nosotros, la Navidad es una experiencia de vida de todos los días y todo el año. Hoy nosotros nos gozamos en la alegría de las luces y los villancicos de la ciudad del puerto. Hoy la luz y la canción de la Navidad nos hacen vibrar de ilusión y esperanza.

Sin embargo, hoy hay muchos sumidos en las tinieblas de una noche fría. Hay muchos alejados del puerto, en un barco totalmente a oscuras, con hambre, con miedo, entre fieras salvajes y enemigos. Hoy hay muchos que viven en tristeza porque no están con los suyos. Viven alejados del Padre. Están alejados de Dios.

Hay muchos para quienes la verdadera Navidad no ha llegado. Hay muchos a quienes la Navidad no les ha dado un rayo de luz de esperanza. Hay muchos quienes no han escuchado los cánticos de vida del Salvador que ha nacido.

¿Quién serás tú en esta escena? ¿Quién quieres ser?

- ¿Eres como aquellos pastores, o como aquellos soldados, que viven en oscuridad, temor, frío y hambre por un Salvador?
- ¿Te gustaría ser de los que cantan y se alegran en el puerto?
- ¿Quieres tú también que la Navidad sea para ti una luz y una canción?
- Si eres de los del barco, ¿no te gustaría estar en puerto seguro, rodeado de luces y canciones, donde es Navidad todo el año?
- Si eres de los que están en puerto, ¿no te gustaría iluminar a los del barco con la luz del mundo, Cristo el Salvador?

- ¿No te gustaría cantarle a los perdidos la verdad del evangelio y la alegría de la Navidad en Cristo?

Hoy nos toca ser aquellos ángeles que anuncian a los pastores las buenas noticias de la Navidad. Nos toca iluminar el camino con la luz de Jesús para que los perdidos puedan llegar a puerto seguro. Nos toca ser como aquellos habitantes de San Marino ante la llegada a nuestras costas de soldados de guerra cansados y cargados. Debemos declarar con cánticos celestiales a quienes están temerosos y tristes las buenas noticias de que hoy también en ellos puede nacer el Salvador. Hoy nos toca llamar su atención de alguna manera, hacerles alguna señal y gritarles a todo pulmón: "¡Miren, hay luces a estribor!".

La Navidad, Cristo el Señor, hoy brilla en medio de la oscuridad y se escucha como una canción en medio del silencio del temor y la muerte. Tal y como nos exhorta la letra de dos hermosos himnos: Demos a otros la luz del evangelio fiel, y cantémosles a los perdidos bellas palabras de vida.

La luz y la canción de la Navidad hoy se ven y se escucha desde el puerto. ¿Por qué no vienes?

No permitas que esta sea otra Navidad sin Cristo, sin luz y sin canción. ¡Vuelve a casa!

Los pastores hoy están en medio de las vigilas de la noche. Los soldados hoy navegan en un barco de guerra totalmente a oscuras. Nosotros tenemos la Navidad. Tenemos la luz. Tenemos la canción.

Es hora de brillar. Es hora de cantar...

LUCAS 2, 1940

Lectura: Lucas 2:8-15

En la noche del 24 de diciembre de 1940 un joven de 14 años, de ascendencia judía llamado Lucas, fue capturado por la temible Gestapo y fue llevado a un campo de concentración en Viena, Austria. Este joven había logrado escapar en una ocasión, por lo que temía que en esta oportunidad no le perdonaran la vida.

El muchacho fue torturado cruelmente para que firmara por la fuerza un documento donde él declaraba estar encarcelado voluntariamente, lo cual era una costumbre muy inhumana de parte de esta temida facción del gobierno alemán. Luego lo llevaron a un cuarto maloliente, donde lo tatuaron de manera muy antihigiénica en el hombro derecho con su nombre y el año en que lo capturaron. Como había otro Lucas entre los capturados, lo tatuaron como "Lucas 2, 1940".

Esa noche, según él contaba en su testimonio delante de la congregación, vivió la más angustiosa sensación de temor que jamás había experimentado, al tiempo que mostraba su hombro derecho a los hermanos de la iglesia.

Pasaron unos breves minutos cuando, de repente, la hermosa voz de una mujer comenzó a romper el silencio de la noche cantando "Noche de Paz". Poco a poco esta valiente mujer fue subiendo el volumen de su voz, y otras mujeres comenzaron a unirse al cántico.

No pasó mucho tiempo cuando los varones también comenzaron a cantar junto a ellas. En cuestión de un momento, se oía en todo el campamento un impresionante coro de voces entonando este precioso himno de Navidad.

Los guardias comenzaron a reprender a los prisioneros, aunque en esta ocasión no les golpearon ni intentaron agredirlos físicamente. Pareciera como si la entonación de la canción los hubiera amansado un tanto. Gradualmente las voces fueron apagándose en la oscuridad, pero el efecto pacificador del cántico les permitió dormir tranquilamente esa noche.

No obstante, un joven ruso, quien escuchó las voces armoniosas desde una distancia cercana, alertó a los soldados de una unidad del Ejército Ruso que se encontraba en la ciudad, y que era comandado por el general Antonov, quienes tres días más tarde lograron liberar de ese campo de concentración a decenas de prisioneros.

Esta historia me hace pensar, precisamente, en lo que el anuncio de la Navidad significa. Si observamos el pasaje de Lucas 2:8-15, podemos denotar que, de alguna manera, las condiciones de la ilustración se repiten en la escena del pasaje.

o Era una noche oscura.
o Unos hombres se encontraban en vigilia, teniendo cuidado de los peligros de la noche.
o Estos hombres se encontraban separados, por cuestión de sus trabajos, de toda actividad religiosa y de fiestas ceremoniales del pueblo, lo que les ganaba el desprecio de los demás, particularmente de aquellos estrictos ortodoxos de la ley ceremonial judía.
o El mundo conocido entonces estaba también en guerra, como lo estaba Europa y el Pacífico en 1940.

De alguna manera, el mundo de principios de la Era Cristiana, como el mundo en 1940, era como el mundo en nuestros tiempos. Era entonces, y hoy sigue siendo, un mundo falto de buenas noticias, un mundo falto de luz en medio de la oscuridad de la noche, un mundo falto de rescate y salvación para todos los habitantes, y un mundo necesitado de escuchar que sus noches pueden ser noches de paz.

El pasaje de Lucas nos revela que Jesús, la luz del mundo, rompió la negra noche para impartir esperanza a unos pastores cansados, posiblemente hambrientos, naturalmente asustados y cautelosos de los peligros de la oscuridad y definitivamente necesitados de aceptación ante el Padre Celestial mediante la participación de las fiestas solemnes.

Por otro lado, la ilustración nos muestra cómo la valentía de una mujer pudo impartir esperanza a un grupo de prisioneros que hasta ese momento sólo pensaban en la manera en la que serían ejecutados, y cómo la luz de sus voces en medio de las tinieblas marcó como una estrella refulgente sobre el Portal de Belén el lugar hacia donde un joven ruso pudo conducir las huestes de liberación para un pueblo cautivo.

Como si fuera poco, note que la ilustración nos indica que al Ejército Ruso le tomó tres días para surgir de la nada y liberar del campo de concentración a los prisioneros. Me parece que este dato comparte una poderosa coincidencia esperanzadora con la razón de ser de la llegada del Niño Jesús en la Navidad.

Luego de morir por toda la humanidad y restaurar la relación perdida entre Dios y los hombres, Jesús tomó tres días para resucitar de las entrañas del sepulcro.

Su resurrección hoy nos garantiza la libertad del pecado a todo aquel que le recibe en su corazón.

¿Y qué de nuestros tiempos? En nuestro mundo actual se vive cautivo de la "Gestapo" del pecado, de la destrucción y desintegración de los valores morales más preciados, fundamentales y significativos de la sociedad, del terror de la noche, y de la falta de fe y esperanza.

Hoy se vive igualmente separado de la ceremonia celestial, se vive golpeado por quienes insisten en imponer sus ideas y conceptos por la fuerza, obligándonos a firmar y afirmar una declaración que no corresponde a nuestros valores y deseos de paz y libertad, y se vive de manera resignada, por impotencia o represión, bajo el pensamiento o la impresión de que el mundo ya no tiene remedio. El mundo, bajo la "Gestapo del Pecado", se resigna a esperar la muerte de un momento a otro, encerrado en las cuatro paredes de una vida integral desecha y entregada a la voluntad de otro, sin Dios y sin amor.

Sin embargo, todavía hay esperanza. La luz del mundo, Jesucristo, hoy brilla como a los pastores de Lucas 2, y como a los prisioneros de Viena de 1940.

- Hoy la luz del evangelio sigue brillando desde los corazones de todos aquellos que hemos convertido nuestro corazón en aquel pesebre, sobre el cual aquella Estrella de Belén alumbró en el punto exacto donde había llegado la salvación de Dios.
- Hoy nosotros somos el coro de ángeles que anuncian la buena noticia, y somos el coro de hombres y mujeres que le anuncia a los prisioneros del mundo que hoy hay "Noche de Paz".
- Hoy somos las voces de esperanza y somos la luz del mundo.
- Hoy somos el coro de ángeles de Lucas 2, y el coro de prisioneros de Viena de 1940.

Si no cantamos, si no anunciamos la llegada del Mesías, seguirán los pastores velando en la vigilia de la noche, esperando que alguien los restaure y les devuelva su lugar en el Reino, y seguirán los prisioneros de Viena terriblemente atemorizados en la sombra de la oscuridad de la muerte y de la Gestapo, sin un cántico de esperanza que los tranquilice y sin la oportunidad de que el "Ejército Ruso" pueda salvarlos.

Es hora de cantar. Es hora de unirse al coro de ángeles y prisioneros. Hoy, en este tiempo decisivo, seguimos siendo Lucas 2, 1940.

YO SOY ÁNGEL

Lectura: Lucas 2:8-20

Corría el mes de septiembre del año 1958. Una mujer con cuatro hijos, entre las edades de tres meses a 8 años, vivía en una zona apartada de la ciudad al oeste del estado de Nebraska en los Estados Unidos. El padre de los niños la había abandonado tan pronto el más pequeño de los hijos había nacido, solamente dejándole unos $15 sobre la mesa y un moretón en el ojo izquierdo, producto de la última golpiza que le propinó.

Dos semanas después, esta mujer se armó de valor, tomó a sus cuatro hijos, los bañó, vistió y arregló lo mejor que pudo, echó los últimos 75 centavos que le quedaban en una vieja cartera de cuero que tenía, le puso algo de gasolina a su vieja camioneta y se llevó a sus pequeños con ella a buscar trabajo.

Fueron a todas las fábricas, tiendas y restaurantes del pueblo. No tuvo suerte, pero esta mujer estaba decidida a conseguir un empleo de todas formas.

A unas cuantas millas del pueblo había un restaurante, del tipo "diner" llamado "La Última Oportunidad".

La dueña, de nombre Ángela, vio llegar el auto con la mujer y los cuatro niños, y cuando la angustiada madre le solicitó empleo, ella le dijo que necesitaba a alguien que cubriera el turno de 11pm a 7am. Ella pagaba 50 centavos la hora, y podía comenzar esa misma noche.

La mujer aceptó la oferta de trabajo, se fue apresuradamente a su casa, y logró convencer a una niñera del lugar a que se quedara a dormir en su casa por $1 la noche.

Tan pronto dejó todo ordenado, y le impartió algunas instrucciones a la niñera, la mujer se arrodilló junto a sus niños y juntos le dieron gracias a Dios por el nuevo trabajo de mamá. De inmediato salió a su nuevo trabajo. La mujer llegó a la casa a la mañana siguiente, despertó a la niñera y la envió a su casa con $1, tal y como le había prometido, gracias a las propinas que recibió esa noche.

Pasaban las semanas y el frío del invierno ya se empezaba a sentir, en especial en la cuenta de calefacción. Por otro lado, las llantas de la camioneta mostraban cada vez más el efecto de los viajes de ida al restaurante y de regreso a la casa. Estaban en tan mal estado que la mujer tenía que llenar las llantas antes de partir al trabajo y cuando regresaba a su hogar.

Una mañana, al salir cansada de su trabajo, vio que al lado de su vehículo alguien había dejado cuatro gomas nuevas. ¿Qué es esto?, dijo la mujer. ¿Habrán venido ángeles a Nebraska? Entre la sorpresa y la alegría, la mujer se comunicó con el mecánico del pueblo, quien le puso las gomas a la camioneta a cambio de que la mujer le limpiara su oficina. ¡Hubiera preferido montar las llantas a la camioneta ella misma!!

Se acercaba la Navidad, y la mujer trabajaba 6 días, con tal de reunir algún dinero extra para los regalos de los niños, pero aún así el dinero no alcanzaba. Entonces, la mujer compró algo de pintura, y comenzó a pintar algunos de los viejos juguetes de los niños y los escondió en el sótano de la casa, con la idea de poder tenerle a los pequeños algún regalo en Navidad. Con todo, la ropa de los niños ya tenía remiendos sobre remiendos, y muy pronto a los mayorcitos la ropa ya no les quedaría.

La noche antes de Navidad entraban al restaurante los clientes de siempre. Camioneros, policías de camino y hasta algunos músicos que iban de pueblo en pueblo alegrando las fiestas. También habían los que siempre se sentaban en las sillas del mostrador para platicar con la mujer y hacerle la noche un poco más corta y amena.

Cuando llegó la hora de salida, la mujer salió corriendo al estacionamiento, con la idea de llegar a la casa antes que los niños despertaran y ponerle los juguetes que había arreglado debajo de un pequeño árbol de navidad que habían improvisado. Pero antes de llegar a la camioneta, notó la sombra de un gran bulto en la caja trasera. Al levantar el toldo que cubría el bulto, la mujer comenzó a brincar y gritar de alegría. ¡La vieja camioneta estaba llena de cajas de regalos!!!

La mujer tiró al suelo el toldo y rápidamente destapó una de las cajas. Allí encontró falditas de varios colores, y pantalones que iban desde la talla 2 hasta la talla 10. Otra de las cajas tenía abrigos, camisas para los chicos y blusas para la niña. Había también camionetas de juguete y una muñeca. Por si fuera poco, también habían cajas de dulces, frutas, comida, pudines, galletas y hasta artículos de aseo personal y detergentes para el hogar.

La mujer entró nuevamente al restaurante, y casi sin poder hablar por el llanto y la emoción le dijo a los presentes lo que había encontrado, y preguntó si alguien sabía quién lo había hecho.

- Fue Ángel. - le dijo la dueña del restaurante, quien ya había llegado.

- ¿Y quién es Ángel? - preguntó la mujer con la respiración entrecortada, al tiempo que volteaba la mirada para ver a todos los presentes.

En ese momento, uno de los patrulleros que estaba sentado en una de las mesas al final del local se levantó de su silla y gritó: "Yo soy Ángel". Igualmente uno de los camioneros que estaba sentado en una de las sillas del mostrador se levantó también, y dijo en voz alta: "Yo soy Ángel". Una mujer que estaba sentada detrás de ella se levantó, y tocándola en el hombro también le dijo: "Yo soy Ángel". Y así, poco a poco, cada uno de los clientes se fue levantando de su asiento, y uno por uno fueron diciendo "Yo soy Ángel".

La mujer se llevó las manos a la boca, en un absoluto estado de sorpresa, mirando a cada cliente que se levantaba de su silla, al tiempo que de sus ojos brotaban gruesas lágrimas de felicidad y agradecimiento. Fue entonces cuando la dueña del restaurante se le acercó y le dijo: "Yo no me llamo Ángel, pero tú recuerdas que mi nombre es Ángela, ¿verdad?". Ambas se echaron a reír de lo que les pareció una casualidad muy oportuna.

Finalmente Ángela sacó del bolsillo de su delantal un sobre con algo más de $500 y lo puso en las manos de la mujer.

Ella no salía de su asombro, mientras preguntaba qué significaba ese sobre.

- Este es un bono de Navidad que te queremos dar por tu dedicación y tu esfuerzo. Ve ahora a casa con tus niños, y tómate el día libre. ¡Feliz Navidad!

Las mujeres se confundieron en un apretado abrazo, mientras los presentes aplaudían, algunos de ellos también con lágrimas en sus rostros.

Mientras la mujer manejaba por las calles vacías del pueblo, vio salir el sol del día de Navidad más hermoso que jamás había visto. Reía a carcajadas al tiempo que lloraba con profunda emoción, pensando que nunca en su vida había sido tan dichosa. Por supuesto, su dicha fue aún mayor al encontrarse con la alegría en las caritas de sus pequeños esa mañana.

Y, desde luego, todavía hoy hace vibrar su corazón el inolvidable recuerdo de los rostros de los ángeles que ese día de Navidad visitaron Nebraska hace unos cuantos diciembres...

Lucas 2:8-20 narra la historia de unos ángeles que anunciaron la llegada del Salvador del mundo.

Hoy, la llegada del Salvador la anunciamos todos aquellos que, como los ángeles, damos gloria a Dios en las alturas y damos la paz a los hombres.

Esa es la verdadera Navidad. Anunciar a otros que Cristo es su Salvador.

- Anunciemos al mundo que Jesús ha nacido.
- Glorifiquemos a Dios con el testimonio de lo que Él ha hecho en nuestras vidas.
- Demos paz, y mostremos buena voluntad a nuestro prójimo con acciones que declaren esa paz y esa buena voluntad.
- Ayudemos al necesitado que tiene una llanta vacía en el camino, o que tiene el corazón vacío de esperanza.
- Vamos a llenar de regalos la caja trasera de una vieja camioneta, o demos de la alegría de nuestro corazón a otro que solo retoca con pintura los sueños e ilusiones de buenos momentos del pasado.
- Caminemos hasta la casa de aquel vecino que necesita algo de consuelo por la partida de quienes se fueron durante el año, o lleguemos al restaurante donde nos espera una esforzada mujer, madre de cuatro hijos, que espera un milagro de Navidad.

- Muy posiblemente hoy, alguien ha llegado a "La Última Oportunidad" del camino y espera encontrarse con los ángeles. ¿Estarás tú entre ellos?

Es Navidad. ¿Y por qué algunos no celebran como nosotros? Porque nadie le ha dado la buena noticia. Hoy podemos ser la Navidad para el necesitado, el triste, el hambriento, el rico, el pobre, la mujer que trabaja y los niños que esperan regalos.

Ayer fueron los ángeles quienes anunciaron la Navidad. Hoy somos nosotros. Hoy nosotros también podemos decir:

"Yo soy Ángel"...

EL TIGRE Y EL CORDERO

Lectura: Mateo 7:12

Un hombre confesaba sentirse decepcionado con la gente. Las noticias en la televisión lo incomodaban y deprimían, al ver cómo las personas en todos los lugares se perseguían, se maltrataban y hasta se mataban. Llegó a pensar que el mundo no tenía ningún remedio, y que no valía la pena estar entre la gente, por lo que decidió dejar la ciudad e irse a vivir a un lugar apartado en los bosques de su país.

Luego de varios días instalado en aquella apartada región, se encontró con una imagen que le llamó mucho la atención. Quedó sorprendido al ver a un cordero que traía un pedazo de carne para ponerlo al alcance de un enorme tigre que se encontraba mal herido a causa de un cazador. El hombre pensó de momento que esto no podía ser posible, por lo que al otro día se acercó nuevamente hasta el mismo lugar, y para su sorpresa, volvió a encontrarse con la misma escena. Una vez más el indefenso cordero se acercaba con un buen pedazo de carne hasta el poderoso tigre para que pudiera alimentarse, pues estaba tan mal herido que no podía valerse por sí mismo. Día tras día se repetía la misma escena, y el hombre era testigo cada día de in increíble milagro.

En algún momento el hombre llegó a preguntarse si, cuando el tigre finalmente se recuperara, desataría su instinto depredador en contra del tierno corderito, pero quedó absorto y maravillado de lo que finalmente fue testigo. El hombre pudo observar cómo los dos animales, el tigre y el cordero, se fueron caminando juntos por el bosque tan pronto el tigre tuvo la fortaleza suficiente para hacerlo.

Esta escena hizo reflexionar al hombre. Él pensó que si los animales, siendo inferiores a los humanos, podían mostrar tan alto sentido de solidaridad y compañerismo, tal vez sería bueno darle a las personas otra oportunidad.

Decidió, entonces, regresar a la ciudad. Una vez acomodado, salió una mañana muy temprano, ubicó una esquina de una avenida muy transitada de la ciudad y se echó al suelo haciéndose pasar por un pordiosero enfermo. Desilusionado, vio pasar las horas sin que nadie se le acercara, sin que nadie le diera algún dinero o, al menos, le ofreciera algo para comer. Concluyó que su apreciación acerca de la gente seguía siendo la misma: Los hombres no tienen remedio. Seguirán siendo egoístas, indolentes y despreocupados por sus semejantes. "¿Por qué los hombres no pueden comportarse como aquel tigre y aquel cordero?", se preguntaba el hombre una y otra vez.

De momento, este hombre tuvo un cambio de pensamiento repentino. Fue como si una luz lo hubiera deslumbrado. "¡Ahora entiendo!", dijo para sí. "¡He entendido mal toda la enseñanza! No debo procurar ser servido como el tigre. Debo procurar servir como lo hizo el cordero. La gente no me dará una sonrisa, o tendrá un buen gesto hacia mí. La gente me devolverá con una sonrisa el buen gesto que yo tenga con ella. Le gente estará dispuesta a devolverme lo que yo esté dispuesto a darle...".

El pasaje que hemos considerado está enmarcado en lo que conocemos como El Sermón del Monte, para mí, la más excelente disertación de comportamiento cristiano que jamás se haya expresado. El Sermón del Monte contiene toda una síntesis de los preceptos de conducta humana integral que se encuentran en la Escritura. De hecho, el Dr. Billy Graham comentó en una ocasión que para vivir una verdadera vida agradable a Dios bastaría con que observáramos y practicáramos Los Diez Mandamientos y El Sermón del Monte.

Seguramente esta es la razón por la que el mismo Jesús afirma en este pasaje que hacer con los hombres todo lo que nosotros quisiéramos que los hombres hicieran con nosotros es cumplir con la ley y los profetas.

Se trata de la integración práctica del Antiguo Testamento con el Nuevo Testamento.

Desde luego, esta es una enseñanza que se desprende del pasaje a simple vista. En otra ocasión Jesús reafirma esta verdad cuando en Mateo 22:35-40 es confrontado por los fariseos acerca de cuál era el gran mandamiento de la ley. Jesús, entonces, les refiere no uno, sino los dos grandes mandamientos de Dios: Amar a Dios sobre todas las cosas, y al prójimo como a uno mismo. Es decir, que quien ama a Dios sobre todas las cosas no procura ofenderle, y quien ama a su prójimo tampoco procura ofenderle, lo que en definitiva resume la esencia de toda la ley y los profetas.

La ilustración del tigre y el cordero también parece tener una enseñanza práctica sencilla: Cosechamos lo que sembramos, la Regla de Oro, y otras similares.

Sin embargo, y para no perder la costumbre del refranero popular, podemos decir que "del dicho al hecho hay un gran trecho". Es mucho más fácil decirlo, y hasta entenderlo, que realmente hacerlo. Nos resulta más atractivo dejarnos llevar por la autocompasión, de modo que podamos apelar a la lástima de los demás, para que ellos hagan por nosotros lo que nosotros no estamos dispuestos a hacer por los demás.

Es por esto que Jesús instituye el servicio y la justicia cristiana como modo de vida, y para dar Él mismo el ejemplo, se constituye libre y voluntariamente en el Cordero de Dios para servirnos, para poner su vida por la nuestra en la Cruz del Calvario y así darnos vida en abundancia.

La ilustración del tigre y el cordero nos plantea el desafío de ser imitadores de Cristo. Nos confronta con la realidad de la maldad del mundo, pero nos ofrece la oportunidad de ser agentes de cambio, cuando dejamos a un lado nuestro egoísmo felino del tigre devorador para convertirnos en la imagen del cordero solidario y servicial que hace cambiar de parecer hasta al más incrédulo de los hombres. Que no es con la garra fría del tigre con la que obtendremos que los hombres hagan lo que nosotros quisiéramos que ellos hicieran con nosotros, sino con el calor del pelaje del cordero con el que cubriremos del frío de la desilusión a aquellos que hoy esperan la mano amiga que les haga creer que todavía tienen esperanza.

Precisamente, la Navidad es época de compartir. De dar. De rescatar. Cristo Jesús, el Cordero de Dios, supo darse en la cruz por nosotros, pero primero se dio por nosotros cediendo.

Cediendo su gloria y majestad por venir a la Tierra a entregarse en un cuerpo de carne para que el tigre herido y moribundo que era el mundo no muriera. Desafortunadamente, y contrario a la ilustración del tigre y el cordero, el tigre moribundo por el que Jesús vino a la Tierra lo traicionó, y aun hoy lo traiciona con su desprecio y rechazo. Hoy el mundo, cual si fuera un tigre herido, prefiere obedecer su instinto depredador y no disfrutar lo que le ofrece el cordero que le dio la vida. Prefiere vivir de acuerdo a lo que el mundo piensa que es la Navidad. Prefiere la inutilidad y la falsedad de seguir siendo un tigre herido. Prefiere no ser amigo del cordero.

❖ ¿Todavía quieres seguir siendo el tigre de la historia, o prefieres ser el cordero que es capaz de servir y transformar la mentalidad del que no cree, y del que piensa que no tiene esperanza?
❖ ¿Quieres seguir siendo aquel quien, sumido en su autocompasión, espera recibir de otros lo que muy bien puedes dar a los demás?
❖ Si quieres cosechar, ¿por qué no siembras?
❖ ¿Quieres que la gente haga algo por ti? Haz algo por ellos.
❖ ¿Quieres una Navidad bendecida? Sé una Navidad de bendición a los demás.
❖ ¿Quieres un milagro? Sé un milagro.

Yo pienso que una de las razones por las que Jesús estuvo satisfecho de su ministerio, como sugiere la profecía de Isaías 53:11, fue porque tuvo la oportunidad de servir. Hoy nosotros tenemos la misma oportunidad. Así como Jesús se convirtió en el Cordero de Dios que quitó nuestro pecado y nos dio vida en abundancia, nosotros también podemos ser el cordero que alimenta al tigre desfallecido y desanimado por las heridas del mundo.

La humanidad hoy tiene esperanza. No todo está perdido. Cristo es el cordero que sirvió su vida por la nuestra. Hoy el tigre también tiene esperanza de vida porque el cordero le sirve, pero hoy ese cordero somos tú y yo.

Hoy nos toca dar vida al moribundo. Hoy nos corresponde servir la Navidad. Servirnos nosotros mismos como corderos inocentes ante un mundo despiadado e instintivamente cruel. Hoy nos toca la difícil tarea de lograr que el tigre sea nuestro amigo.

Así lo hizo Jesús.   Así debemos hacerlo nosotros...

BREVE BIOGRAFIA DEL AUTOR

Elvin Heredia es ministro licenciado de la Iglesia del Nazareno, Distrito Este de Puerto Rico y pastor titular de la Iglesia del Nazareno del pueblo de Gurabo. Posee un Doctorado en Filosofía (PhD.) en Teo-Terapia Familiar y Pastoral Sistémica de ECOTHEOS International University & Bible College en Puerto Rico, un grado de Maestría en Psicología y Consejería Clínica Cristiana de DOXA International University en Florida, USA, y un Bachillerato en Asesoramiento Familiar de la Escuela Graduada de Terapia y Psicología Pastoral de Puerto Rico.

Es consejero certificado en Teo-Terapia (Nivel III) por la International Reciprocity Board of Therapeutic & Rehabilitation (I.R.B.O.), entidad reconocida por la Federación Mundial de Comunidades Terapéuticas y por la Organización de las Naciones Unidas. Es profesor asociado del Seminario Nazareno de Las Américas (SENDAS) en San José, Costa Rica para la Maestría en Ciencias de la Religión con mención en Orientación de la Familia, para el Bachillerato en Teología y para el Bachillerato en Pastoral Juvenil. Ha dictado conferencias y talleres para matrimonios en Puerto Rico y los Estados Unidos. Es el autor de la serie de libros TEOLOSIS.

El pastor Heredia vive en Puerto Rico con su esposa Carmencita y sus hijas, Jane Marie y Ana Cristina.

215

www.ingramcontent.com/pod-product-compliance
Lightning Source LLC
Chambersburg PA
CBHW060237050426
42448CB00009B/1483